L'homme au tribunal

Frédéric DeWitt Wells

Writat

Cette édition parue en 2023

ISBN : 9789359254869

Publié par
Writat
email : info@writat.com

Contenu

INTRODUCTION

L'auteur a tenté de montrer le point de vue de l'homme ordinaire devant un tribunal, alors que se déroulent devant lui les différentes étapes d'un procès. Pour les initiés, l'ensemble du livre peut paraître trop évident ; mais il n'a pas été écrit pour eux, mais pour ceux à qui ces procédés ne sont pas familiers. Nombreux sont ceux qui ont une certaine curiosité pour les tribunaux, et en même temps un réel respect pour la justice, mêlé d'amusement devant les panoplies et les formes archaïques de la procédure judiciaire.

F. DEW . W.

NEW YORK ,

Janvier 1917 .

UN TRIBUNAL DE NUIT

Dans la Cour de Nuit, le drame est vital et palpitant. De même que l'objet le plus triste à contempler est une pièce où l'essentiel est faux, de même, dans ce tribunal, les principes fondamentaux de la loi sont la cause d'en faire un spectacle inconfortable et pathétique.

Les femmes qui sont traduites devant le tribunal de nuit ne sont pas des héroïnes, mais le droit pénal ne semble pas meilleur qu'elles. Il ne fait guère d'efforts pour atténuer la misère qu'il juge ; dans de nombreux cas, cela ne fait qu'infliger un fardeau supplémentaire de souffrance. Le résultat est une tragédie.

Le magistrat est assis en hauteur, entre des lampadaires de lampes en laiton. Sa robe noire, les boutons métalliques et les boucliers brillants des policiers qui attendent, les fonctionnaires du tribunal occupés derrière les longs pupitres de chaque côté témoignent de la majesté de la loi.

Devant le bureau, mais à un niveau inférieur, se trouve un espace de dix ou douze pieds traversant la salle d'audience dans lequel se trouvent des patrouilleurs, des hommes en civil, des détectives, des prisonnières, des agents de probation, des journalistes, des témoins, des enquêteurs et des avocats. . Au-delà, dans la salle d'audience, une foule nombreuse est assise sur les bancs. Il y a des témoins, des frères et sœurs, des amis des prisonniers qui attendent de voir s'ils sortent par l'entrée sur la rue ou s'ils reviennent par le portail aux solides barreaux qu'on voit par la porte de gauche. Il y a aussi les « requins » qui attendent de suivre les prisonniers libérés, pour s'en prendre à eux selon les circonstances ; et un certain nombre de curieux qui regardent attentivement. Pour eux, cela ne peut être qu'un spectacle stupide et morbide, car ils sont si loin du banc qu'on ne peut pas entendre un mot des débats. Ce n'est que de temps en temps que les cris et les imprécations d'une femme hystérique en difficulté alors qu'elle est précipitée hors du tribunal peuvent animer la scène.

Fort d'une lettre d'introduction au juge et d'une disposition qui ne sera pas trop facilement choquée par les conditions de vie telles qu'elles existent réellement, le spectateur peut se frayer un chemin devant le policier à la porte de la rampe. Un déclic inquiétant se produit derrière lui et il se demande s'il aura du mal à sortir. Enfin, grâce aux greffiers et aux fonctionnaires qui deviennent plus aimables à mesure qu'ils apprennent qu'il est l'ami du juge, il est assis sur une chaise rapprochée du banc. Le magistrat est un homme chaleureux, au visage rond, qui semble presque humain malgré sa robe et la dignité de son environnement. Le tribunal apparaît différent de ce point de vue et il peut facilement veiller à l'application judiciaire de la loi suprême.

L'organisation de ces tribunaux est simple. Il n'y a pas beaucoup de règles ou de détails techniques. Les juges sont patients, travailleurs , compréhensifs et efficaces. Le problème vient des lois qu'ils sont appelés à appliquer : des lois qui sont aussi absurdes, aussi farfelues et aussi impraticables que l'intrigue de la plus légère comédie musicale.

Au début, le visiteur a du mal à comprendre ce qui se passe. Un homme au visage pâle est assis sur la chaise des témoins, à sa gauche une petite femme débraillée se tient devant et en dessous du juge, ses yeux juste au niveau du dessus du bureau. Des greffiers arrivent avec des papiers à signer : « engagements », « ajournements », « cautions » ; d'autres tentent d'attirer son attention. Entre- temps, l'affaire avance.

"Je vous informe", dit le juge à la femme, "de vos droits légaux, vous pouvez retenir les services d'un avocat si vous le souhaitez et votre procès sera ajourné afin que vous puissiez consulter avec lui et obtenir des témoins, ou vous pouvez maintenant procéder au procès. Que ferez-vous ? »

Elle murmure quelque chose. Elle est pâle, avec des yeux maussades, une bouche tombante et une lèvre pendante. Une triste plume rouge pend dans son chapeau.

« Procédez », dit le juge ; et au policier appelé comme témoin : "Tu jures de dire la vérité, toute la vérité mm-mm-mm - tu es un homme en civil attaché au 16ème commissariat désigné par le bureau central, et cette femme ?"

"Au coin de la Quinzième rue et d'Irving Place", raconte le témoin, "entre 22 h 05 et 22 h 15 ce soir, j'ai vu cette femme s'arrêter et parler à trois hommes différents. Je la connais, elle est venue ici. devant Votre Honneur. »

"Que dites-vous?" demande le juge à la femme. Elle est silencieuse.

"Qu'est-ce que tu fais?"

« Travaux ménagers, Votre Honneur.

"Toujours des tâches ménagères ; c'est surprenant combien d'employées de maison me précèdent." Elle sourit d'un sourire maladif.

"Prenez son dossier. Prochaine affaire", dit le juge. Dehors, c'est une nuit froide et neigeuse de début mars.

"Témoins dans le cas de Nellie Farrel ", appelle le greffier.

Nellie Farrel se tient devant le bureau à côté d' un policier ; elle est grande avec des cheveux blonds ondulés. Elle a dû être jolie autrefois ; même maintenant, il y a une ligne délicate de la gorge et du menton. Mais ses yeux sont durs et sur ses joues il y a des traces de peinture hâtivement effacées. Elle en paraît trente ; elle n'a probablement pas plus de vingt ans.

Un jeune homme insensible, qui semble surnaturellement enthousiaste, jure que dans la Treizième Rue, entre la Cinquième Avenue et University Place, la femme s'est arrêtée et lui a parlé ; et il raconte son histoire comme si elle était apprise par cœur.

"Connaissez-vous le policier qui a procédé à l'arrestation ?" lui demande le juge.

"Je fais." On soupçonne qu'il pourrait y avoir un intérêt entre le témoin et le policier.

Une femme aux cheveux noirs et au visage lisse qui se tient à côté du prisonnier dit : « Votre Honneur, c'est ma sœur. Je suis une femme respectable, mon mari est chauffeur. J'ai trois enfants. C'est déjà assez honteux d'avoir des gens comme ça. d'elle dans la famille. Si vous lui donnez une autre chance , je la ramènerai à la maison avec moi ; mon mari est ici et il est prêt. L'accusé baisse les yeux d'un air pitoyable.

"Libéré avec sursis", dit le juge, et la famille sort.

"C'est la troisième fois que ça lui arrive", murmure un employé. "Chaque fois, la sœur apparaît comme une bonne."

Une horrible vieille femme aux cheveux gris épars, au cou ratatiné et aux mains griffues saisit un châle noir autour de sa poitrine plate. "Marie", dit le juge, "trente jours sur l'île pour toi".

"Oh, votre Honneur, votre Honneur, pas l'atelier. Oh, Dieu, pas l'atelier", et elle est confirmée en criant, en se battant et en invoquant le Christ à son aide. Le juge se retourne et dit en guise d'explication : "une vieille affaire, un exemple de ce à quoi ils peuvent tous arriver".

Une petite Française aux cheveux noirs est présentée avec des lèvres cramoisies, des yeux noirs audacieux et des mains expressives. Un détective témoigne qu'il l'a accompagnée dans un immeuble de la dix-septième rue, à l'ouest de la sixième avenue. Accusation : Violation de la loi sur les immeubles d'habitation.

" Qu'importe ", dit la femme. "Je vais dans la rue. Je suis arrêté. Je reste dans la maison. Je suis arrêté. Je prends la chambre. Je suis arrêté. Chantage. Chantage. C'est pour rire . "

Qui sont ces femmes rassemblées en foule ? L'un d'eux, plus âgé que les autres, est un étranger simplement vêtu de soie noire et portant une chaîne en or. Elle ne semble pas particulièrement méchante, mais plutôt respectable. Les autres portent de longues capes ou des imperméables enfilés à la hâte et à travers lesquels on aperçoit des bas roses. Ils ont les cheveux de cette couleur beurre désagréable qui parle de peroxyde. Il y a eu une perquisition dans une rue du côté ouest d'une maison de mauvaise réputation. Certains témoignages sont donnés et la femme plus âgée, la « Madame », est détenue sous caution pour l'action du Grand Jury tandis que les autres sont détenues pour des preuves supplémentaires. Le juge nous dit qu'il n'y aura probablement pas assez de témoignages et qu'ils seront libérés dans la matinée. Mais à moins qu'une caution ne soit trouvée, ils passeront la nuit en cellule.

Une femme nerveuse et excitée entre, accompagnée de deux policiers. Elle a été arrêtée pour conduite désordonnée sur la Sixième Avenue, près de la Trente et unième Rue. Elle s'est battue avec un homme qui a également été arrêté et traduit devant le tribunal de nuit pour hommes. Son visage est dur et dur, du type le plus bas.

"Pourquoi devriez-vous essayer de gratter le visage de cet homme ? Qu'a-t-il fait ?" demande le juge. « Est-ce votre mari ? »

"Mon mari, Votre Honneur ? Oui, je suppose que vous pouvez appeler Al comme ça. Nous vivons en ville et quand je sors, il me dit : " Dépêche-toi, gamin, tu dois te débrouiller, le loyer est dû et si tu ne le fais pas prends l'argent, je te briserai le cou. Le slob ne marchera pas. Eh bien, une nuit comme celle-ci, vous ne pouviez pas gagner un centime et je n'avais qu'un demi-dollar et je voulais manger un morceau. Je n'avais rien mangé depuis quatre heures. et puis j'ai rencontré Al en descendant Sixt ' Avenue et il a essayé de me voler cinquante cents et j'étais si sauvage que je voulais le déchirer . Je suis désolé, je suppose que c'était de ma faute. Je ne veux pas voyez-le se faire juger, alors s'il vous plaît laissez-moi tranquille, Votre Honneur, et je ne ferai aucun problème.

"Prenez son dossier", a déclaré le juge, "et tenez-la comme témoin contre cet homme."

Un certain nombre de femmes sont incarcérées pour être jugées après avoir fait prendre leurs empreintes digitales dans la pièce voisine. Le juge procède à l'imposition des peines selon les dossiers antérieurs qui sont présentés. Certaines femmes sont celles qui sont déjà passées devant. La petite femme débraillée à la plume rouge a été arrêtée sept fois en seize mois. Un autre a passé huit semaines au workhouse sur une période de sept mois ; un autre a déjà été envoyé au Bedford Reformatory ; un autre a été deux fois aux maisons de réforme. Avant que le juge ne prononce sa sentence , il renvoie les détenus à l'agent de probation, qui s'entretient avec eux de manière maternelle.

Après avoir discuté avec la petite prisonnière , elle s'adresse au juge. "Elle dit que cela ne sert à rien, Votre Honneur, qu'elle ne veut pas se réformer — cela ne vaudra pas la peine de la mettre en probation."

« Engagé dans la Maison Marie-Madeleine », dit le juge, et le nom apporte une supposition surprenante sur ce qu'aurait dit Celui de Galilée.

Ce qui précède n'est qu'une séance typique du tribunal. Nuit après nuit, de huit heures à une heure du matin, la scène se répète. L'effet moral et sa réaction sur ceux qui dirigent les débats, les juges, les officiers et la police, ne peuvent qu'être déplorables ; le mal causé à ceux qui y ont été amenés de force ne saurait être surestimé.

En substance, la loi stipule que les femmes ne peuvent pas flâner dans les rues ni faire du racolage dans les rues ou dans tout bâtiment ouvert au public. Ils ne peuvent vivre ni dans un immeuble d'habitation ni dans une maison de mauvaise qualité. La loi considère comme un délit le fait pour les femmes de partir à l'étranger ou de rester chez elles. Leur existence n'est pas un crime, mais seulement de manière indirecte, la loi les rend hors-la-loi. Il est facile pour quiconque souhaite poursuivre ou persécuter de le faire. Les pires ennemis de ces malheureuses femmes se trouvent, curieusement, parmi les meilleurs comme parmi les plus méchants de la communauté. Les indiciblement dépravés sont les hommes qui, soit comme proxénètes, soit comme maîtres chanteurs, soit comme des misérables qui vivent d'une part de leurs gains. Les excellentes personnes qui s'opposent à toute législation corrective susceptible de remédier à la situation semblent également responsables de la situation actuelle, aussi bien intentionnées soient-elles.

L'un des effets du système actuel est la transmission pratiquement incontrôlée des maladies. Une réforme dans ce sens ne résoudrait pas le problème fondamental, car il subsisterait de nombreuses possibilités de chantage et d'extorsion, mais elle pourrait néanmoins éliminer une menace pour la santé de la communauté qui est probablement plus grave que la tuberculose.

Une loi à cet effet a été adoptée dans l'État de New York il y a quelques années : une loi pour l'examen médical des femmes. Il a été déclaré inconstitutionnel à cause d'un seul mot. Il aurait dû se lire : « le juge peut » ; au lieu de cela, on pouvait y lire : « le juge *doit* ». Bien plus difficile à gérer est l'opposition de ceux qui croient que le sens moral de la communauté serait mis en danger par toute loi suggérant que la prostitution est inévitable.

L'échec de la législation à empêcher la propagation des maladies contraste ironiquement avec le succès d'une loi peu judicieuse faisant de l'adultère un crime. En vertu de ce texte, l'homme marié ayant des relations avec une prostituée et la femme elle-même s'exposent à des poursuites pénales. Cela offre un nouveau champ d'extorsion, dont il est impossible de dire dans quelle mesure il est largement utilisé.

L'histoire de l'adoption de l'acte d'adultère présente l'une des plaisanteries les plus horribles jamais perpétrées par une législature d'État.

Pendant des années, un tel projet de loi avait été présenté à la législature de New York et avait été adopté soit par l'Assemblée, soit par le Sénat sans commentaires, puis discrètement tué dans l'autre chambre. Il était évident qu'une telle loi ne pouvait pas être correctement appliquée et ses possibilités de chantage étaient manifestes, mais personne, pas même le gouverneur Hughes, alors en fonction, ne pouvait s'opposer ouvertement à son adoption.

La tendre moralité de la communauté ne permettrait pas un débat public.

On racontait à l'époque que lorsque le représentant d'une société pour la répression du vice s'adressait à un député pour lui demander de présenter le projet de loi, celui-ci refusait de le faire, arguant qu'il représentait un district de la Cinquième Avenue et que cela rendrait lui trop impopulaire parmi ses électeurs. Lorsque le projet de loi fut présenté par un autre membre et fut soumis à l'adoption finale, il fut décidé, puisque le gouverneur Hughes avait opposé son veto à de nombreux projets de loi politiques des membres des deux chambres, de le placer dans un dilemme. Si le projet de loi lui était présenté , il devrait signer une loi absurde ou se déclarer l'ami de l'injustice. Il l'a signé et le projet de loi est devenu une loi. Depuis sa promulgation, il y a eu ridiculement peu de condamnations.

L'insouciance, la timidité et la légèreté successives de la législature sont déprimantes, mais on constate un regain d'intérêt encourageant de la part du public. L'homme moyen ne s'intéresse pas seulement au problème ; il semble considérer raisonnablement que le « mal social » n'est pas tant une question morale qu'une condition, un problème à résoudre comme les autres problèmes. Nous nous préoccupons moins de la moralité privée de nos concitoyens que de leur santé, de leur sécurité et de la prévention de souffrances inutiles. Nous percevons que les tribunaux ne sont que nos agents et ne sont pas directement responsables de ce qu'ils font ; ils suivent des instructions données par nos ancêtres et que nous avons négligé d'abolir ou de modifier.

Le visiteur quitte la Cour de Nuit avec un étrange sentiment de voir ses valeurs sociales bouleversées. Il éprouve presque de la sympathie pour les femmes qu'il a vues. Ils portent peut-être atteinte à la morale et à l'ordre social, mais ce sont des êtres humains sur lesquels les eaux de la civilisation semblent se déverser sans relâche. L'effroyable gaspillage de vies et d'énergie semble inexcusable. Et c'est comme si le barrage d'un moulin avait cédé et coulait en un torrent épouvantable dans le lit d'une rivière le long duquel quelques-uns sont entraînés blancs et noyés.

L'homme ordinaire sait que les femmes qui coulent représentent une si petite proportion de celles qui s'échappent que cela ressemble soit à une horrible plaisanterie, soit à une terrible tragédie. Tout l'attirail de la salle d'audience ne fait qu'accentuer le contraste entre ceux qui sont arrêtés et ceux qui sont libérés.

Mais toutes les juridictions pénales sont toujours désagréables. Et l'humanité, si elle était vue uniquement dans le cadre d'un procès pénal, serait un objet décourageant. En ce qui concerne les tribunaux plus civils, nous constatons une inadéquation presque égale entre les tribunaux et les conditions modernes.

LE TRIBUNAL CIVIL

Dans un immeuble de bureaux de vingt-quatre étages, dans un ascenseur qui glisse doucement, en montant dix-sept étages, dans un couloir au plafond bas, devant des portes coupe-feu étiquetées : « Bureau du greffier », « Chambre du juge », « Salle des témoins », nous trouvons le cour moderne typique. La vieille idée d'un palais de justice très pseudo-classique sur un paisible village verdoyant où les comtés voisins se sont rendus à cheval, et où la prison est dans la cave et le greffier municipal dans le grenier, est en train de disparaître rapidement. L'ancien palais de justice de la ville, en grès rouge, avec des créneaux, des tourelles, des minarets et une tour d'horloge, semble démodé.

Les palais de marbre blanc des cours supérieures, où les larges escaliers, les lambris d' acajou, les vitraux et les tapis moelleux et silencieux donnant un air de repos et de culture raffinée, ne sont pas tout à fait conformes à l'esprit moderne. L'homme de la rue ne comprend pas si les statues de marbre sur le toit sont des symboles de justice ou des anciens présidents des États-Unis. Le palais de justice habituel d'il y a vingt ans était un mélange d'armurerie et d'église gothique.

Dans les grands palais de justice, où il existe de nombreux termes ou parties dans un même bâtiment, il règne un air de confusion. Les rotondes, les couloirs, les escaliers et les ascenseurs sont constamment remplis d'une foule mouvante d'avocats qui attendent que leur affaire soit jugée, de clients qui ont eu rendez-vous, de témoins assignés à comparaître devant le tribunal et qui , une fois arrivés, trouvent ce n'est pas un tribunal, mais trente. Ces derniers errent, hébétés, demandant à quiconque veut bien s'arrêter pour écouter s'il sait dans quelle partie l'affaire Martin *contre* Martin est jugée. Des comptoirs-repas, des cabines téléphoniques et un sentiment d'émerveillement règnent dans le bâtiment.

Il est difficile d'analyser d'où vient cette terreur d'un tribunal. Il y a la majesté impressionnante de la loi ; toujours à propos d'un tribunal, il y a le sentiment inspirant de quelque chose de plus qu'humain. Même une salle d'audience vide n'est pas une pièce comme les autres. Comme un théâtre vide, il reste une atmosphère de glamour, de mystère, et pourtant, tout aussi vrai, il reste une odeur forte et substantielle de foule.

On dit que chaque théâtre a sa propre odeur. L'investigation scientifique sur la psychologie des odeurs est trop subtile pour être compréhensible. La question de l'analyse des exsudations d'une foule nerveuse semble intéressante, mais le souvenir d'une humanité anxieuse est toujours présent. Autrefois, le préposé déposait un petit bouquet d'herbes et de fleurs aromatiques sur le bureau du juge, et les verres de bouquets séchés restaient en rangée pendant de longues périodes.

D'un point de vue hygiénique, les tribunaux sont insalubres. Si les fenêtres sont ouvertes, l'air froid a tendance à s'abattre directement sur la tête du jury et sur le sténographe. En été, le bruit des rues des villes, les voitures, les surélevés, les cris des enfants, les orgues, les mouches, ne sont pas du tout conformes à la prétendue dignité de la cour. Il est bien connu que le surpeuplement et l'insalubrité des tribunaux sont propices aux maladies et à l'inconfort des habitants.

Les connotations du nom de cour sont généralement impressionnantes. Il y a une suggestion de prison, de punition, de quelque chose de définitif, de jugement absolu. Cela suggère également la cour d'un immeuble, une ruelle ou quelque chose d'enfermé et confiné. La philologie vient de l'ancien français cort ou curt. Il est curieux que cela signifie quelque chose de étroit. Il y a des suggestions de lices, de hérauts, de trompettes, de bannières et de chevaliers en armure, de chevaux cabrés, de belles dames qui veillent, de joutes, de tournois et d'épreuves de bataille. Il y a quelque chose de royal dans ce mot. Nous pensons à la pompe et à la magnificence et aux robes violettes, aux rois sur leurs trônes, avec les courtisans debout. La conception de Diety pour l'homme simple qui visualise, prend immédiatement la forme d'un tribunal. Nous parlons des Cours du Ciel. Les images de Dieu le représentent assis au centre sur son trône surélevé avec les gradins environnants d'anges qui l'accompagnent.

La salle d'audience moderne n'est qu'une continuation adaptée d'une idée médiévale. Sur l'estrade surélevée, sous un auvent insalubre et poussiéreux en peluche verte, est assis le juge ; au lieu d'un sceptre, il tient le marteau. Ce marteau, d'ailleurs, tombe de plus en plus en désuétude. Symbole d'autorité, le petit marteau en bois est devenu un peu ridicule. Si un juge le secouait trop violemment, les spectateurs pourraient craindre qu'il ne soit sur le point de le lancer sur les spectateurs ou sur l'un des avocats en discussion.

Le juge est assis devant un imposant bureau à haute rampe avec des éclairages standards à chaque coin. Le dessus du bureau est généralement au-dessus du niveau des yeux, même de l'avocat debout. C'est un arrangement qui est conventionnel et pratique ; il ne serait pas conforme à la majesté de la loi si l'on surprenait le juge en train d'écrire une note personnelle ou de jeter un coup d'œil aux rapports boursiers dans le journal du soir.

Le siège du juge est généralement un siège tournant avec une inclinaison vers l'arrière. Les chaises fixes sont éprouvantes, pour ceux qui doivent rester silencieux pendant tant d'heures d'affilée, et le balancement d'avant en arrière et la torsion procurent un peu de détente.

Devant l'estrade du juge se trouvent les tables des conseillers ou des avocats, et sur un côté, devant et en dessous, généralement une autre table pour les journalistes. C'est un peu comme la disposition des salles baronniales où il y avait une table supérieure et une table inférieure et certains étaient assis au-dessous du sel et d'autres au-dessus.

D'un côté, en face, mais moins haut, se trouve le box des jurés. Il s'agit d'un enclos doté de douze sièges dans une enceinte aux parois hautes, semblable à un banc à l'ancienne. L'objet de la clôture est incertain, à moins qu'il ne s'agisse d'une relique d'une époque où il fallait emprisonner les jurés. Le devoir de juré a sans doute toujours été pénible et désagréable, et autrefois les hommes étaient probablement aussi désireux d'échapper à leur fonction de juré qu'ils le sont aujourd'hui. Dans l'un des tribunaux, qui n'était pas censé accueillir des procès avec jury, douze hommes siégèrent un jour sur une affaire sans jury, sur des chaises simples et sur le côté de la pièce. Ils étaient eux-mêmes extrêmement mal à l'aise ; leurs jambes étaient exposées et ils semblaient incroyablement non conventionnels.

Entre le bureau du juge et la tribune des jurés se trouve la chaise du témoin, une chaise ordinaire placée moins haute, mais à côté de celle du juge et où il peut regarder le témoin de haut. La position du président des témoins peut être responsable du sentiment de protection du témoin qui existe dans l'esprit du juge et du jury. Il y a une sympathie naturelle pour lui, comme s'il était attaqué par l'avocat qui l'interroge. Autrefois, le témoin se tenait dans une petite boîte fermée et, en Italie, où les scènes judiciaires sont plus intenses, les prisonniers des procès criminels témoignent encore aujourd'hui derrière des barreaux de fer.

Sous la chaise du témoin se trouve le sténographe. L'ancienne idée du vieux greffier ou greffier aux cheveux blancs et aux yeux verts a disparu. Le sténographe moderne, qui tient le procès-verbal d'un procès, est probablement un jeune homme énergique, qui s'est classé haut dans la liste de la fonction publique, connaît quelque chose en droit, étudie pour un meilleur poste ou est lié à une entreprise de sténographe très rentable. affaires à l'extérieur.

La cour proprement dite est séparée du reste de la pièce par une balustrade en fer ou en bois, gardée par un domestique jaloux, qui est toujours un ardent défenseur de l'étiquette de la cour et maintient très bien la dignité de la cour. Il est en uniforme avec un bouclier ou un insigne de fonction bien en vue et étant inscrit sur la liste de la fonction publique sur laquelle les anciens combattants et les pompiers ou policiers à la retraite ont une préférence, il a généralement un certain âge. Naturellement, étant vieux et devant tant se tenir debout, il a les pieds tendres et, avec les effets habituels de toutes les positions sûres et salariées, acquiert à la fois une démarche lente et traînante et les caractéristiques ordinaires de sa classe. Il est sujet à bien des petits ennuis, à des questions stupides, à des demandes répétées, à des conversations ou à des disputes, à de petits désordres qui le poursuivent de toutes parts.

L'objet du préposé au tribunal est de maintenir l'ordre et de préserver la dignité. Ils sont presque avides de poursuivre l'ignorant qui entre avec son chapeau sur la tête ou qui se couvre en sortant avant d'atteindre la porte. Leurs salaires ne sont pas élevés mais leurs tâches ne sont pas pénibles. Ils peuvent paraître soucieux du juge et parfois autoritaires envers les justiciables et les avocats, mais ils ne sont que dans la position des supes ou des huissiers dans le théâtre. Pourtant, ils sont compréhensifs et sages à l'égard du drame humain qui se joue constamment devant eux.

L'éclairage de la salle d'audience est exceptionnellement spectaculaire. Il n'y a pas de rampes d'éclairage, mais la meilleure théorie en matière d'éclairage de scène est qu'il ne devrait pas y en avoir. L'une des scènes les plus efficaces du théâtre moderne est le décor du tribunal dans *Justice de Galsworthy* . L'éclairage est indirect et les spots de lumière rouge et verte au pupitre du juge, les coins du box des jurés et ceux ombragés au coude du greffier, donnent une remarquable impression de terreur mystérieuse.

Quelle qu'en soit la cause, il existe un ressentiment marqué contre les tribunaux. Non seulement on se plaint des détails techniques écoeurants de la procédure, des retards longs et fatals de la loi, des formes et des manières absurdes du procès, mais derrière tout cela se cache une méfiance fondamentale à l'égard de la justice elle-même. La plainte est entendue contre l'inégalité de la justice. Qu'il y a une loi pour le pauvre et une autre loi pour le riche. La scène exprime ce sentiment et la littérature moderne l'exprime. Le millionnaire au prix élevé s'échappe et le pickpocket aux sourcils bas va en prison.

On cite des cas où la femme riche qui revient d'une débauche de shopping européen avec quelques milliers de dollars de perles cousues dans la doublure de son bonnet d'hiver n'est condamnée qu'à une amende, tandis que la petite modiste du bas de la ville est envoyée en prison. pour avoir essayé de faire entrer clandestinement un nouveau manteau. L' impressario des collections d'art est pris au piège d'un gigantesque stratagème visant à escroquer le gouvernement de milliers de dollars en images importées. Il se présente au tribunal en boitillant et, pour cause de mauvaise santé, échappe à une peine de prison et se contente d'une amende, tandis que le petit vendeur de fruits italien est sommairement emprisonné pour avoir apporté quelques champignons séchés. Le grand financier qui détruit un chemin de fer ou une banque purge une légère peine de prison et émerge comme un ph [oe]nix pour acheter de nouvelles lignes de bateaux à vapeur ou lancer de nouvelles entreprises. Mais le colporteur de l'East Side qui vend pour quelques dollars de poisson rassis est puni à la limite de la loi.

Les faits existent et semblent inexplicables à l'esprit populaire. Il doit sans aucun doute y avoir une raison, et il n'est pas difficile de la trouver. Cela semble être l'un des mystères du jugement et de la justice, comme s'il existait au fond de l' esprit humain une loi non écrite en faveur du droit de propriété. Il y a une explication et non une inégalité de justice. Les faits ne sont pas tels qu'ils sont généralement énoncés ou supposés être. Le public n'a qu'une partie du tableau et, parmi un énorme groupe de cas, quelques cas contrastés sont choisis pour le plaisir de l'effet dramatique. L'attention du public est attirée sur eux et les lumières et les ombres plus douces sont omises. Le public ne voit pas la gradation. D'un côté, nous voyons la femme riche, le marchand d'art millionnaire, le pirate financier traités avec indulgence, de l'autre, la petite modiste, le vendeur de fruits italien et le colporteur condamnés à de lourdes peines.

Les contrastes marqués créent de bons articles de journaux, attrayants et touchants. Ce que le public ne voit pas, c'est l'ensemble des cas d'inégalité présumée portés devant les tribunaux. Ce ne sont là que six cas sur sept cents, choisis parce qu'ils sont mélodramatiques. Il y a eu près de sept cents autres délinquants qui ont été libérés avec sursis ou de légères amendes, dont on ne sait rien, mais ces trois-là se distinguent par leur richesse, et les cas de la modiste, du vendeur de champignons et du colporteur sont remarquables. signalé pour la même raison : être visible. Elles sont inhabituelles en raison des peines. La dureté de leurs peines est remarquable. Il peut y avoir des raisons particulières. Les six cent quatre-vingt-dix personnes qui sont punies à la légère comme le riche ne sont pas remarquées.

D'après l'expérience réelle, l'homme riche a plus de difficultés devant les tribunaux que l'homme pauvre. L'inégalité de la justice, s'il y en a, est plutôt contre lui. Parce qu'il est riche et notoire, le procureur ne peut pas le laisser s'en tirer. Si, par exemple, un pauvre homme, incontestablement fou, commet un meurtre, il n'est pas jugé, mais envoyé dans un asile pour fous. Si, après plusieurs années, il se rétablit et est libéré, on n'en dit rien ; le public ne le sait pas. Mais qu'il s'agisse d'un riche fou, le ministère public le traduira forcément en justice. L'attention du public l'exige. Il sait peut-être qu'il est fou, mais il doit quand même le poursuivre en justice. Le jury le déclare fou. Après des années où il a été libéré de l'asile, le public pense qu'il s'agit d'une erreur judiciaire, oubliant entre-temps ce pauvre homme discret qui, sans se faire remarquer, a vécu la même expérience et a été libéré il y a des années.

Les retards dans l'application de la loi sont dus en partie au système judiciaire et en partie à la monotonie de la procédure judiciaire. L'inefficacité du système judiciaire et de la procédure judiciaire se reflète dans le fonctionnement pratique des tribunaux civils de la ville de New York. L'organisation désuète de tous les tribunaux ressemble à un patchwork où chaque tribunal supplémentaire a été ajouté ou agrandi à mesure que New

York s'est développée, passant d'un village situé au-dessous de la palissade indienne de Wall Street à sa taille actuelle. De sorte qu'il existe aujourd'hui dans les limites de la ville sept sortes différentes de tribunaux civils et cinq sortes de tribunaux criminels, dans presque chacun desquels il existe un ensemble de règles distinctes, des coutumes différentes et des méthodes de procédure distinctes, et parmi elles toutes les plus remarquables. les plus techniques et les plus compliqués sont souvent ceux où ils devraient être les plus simples et les plus faciles à comprendre.

Où que se trouve le tribunal, les environs sont sensiblement les mêmes. Le décor est posé et les menuisiers sont partis. Les spectateurs ont trouvé leur place. Mais la scène est vide, il y a une agitation soudaine et des mouvements de pieds, une rumeur circule selon laquelle quelque chose est sur le point de se produire. Les huissiers prennent place. L'un d'eux se redresse et crie d'une voix autoritaire : « Messieurs, levez-vous s'il vous plaît. Écoutez, écoutez, toutes les personnes ayant des affaires approchent et vous serez entendus. Entre Son Honneur, le Juge.

LE JUGE

Avec un bruissement de sa robe et une révérence vers la salle d'audience, le juge prend place sur le banc. Les plaisirs triviaux d'être annoncé et de faire lever les spectateurs à son entrée ont perdu de leur charme, mais il se sentirait mal à l'aise sans eux. L'employé aux cheveux gris lui tend la liste des affaires de la journée. L'huissier anxieux demande s'il doit ouvrir une fenêtre. Le juge renifle de manière audible et ordonne que le chauffage à vapeur soit éteint. Le greffier le fait et apporte un verre d'eau à Son Honneur. Lorsque le juge s'assoit sur le fauteuil tournant, il est sur le banc et le tribunal siège.

Le fait est que le juge est une personne plutôt honnête. Le problème, c'est que tout son entourage est contre lui. En premier lieu, tout son travail lui permet d'être à la hauteur d'une partie. Cinq ou six heures par jour, il doit rester assis dans une salle d'audience étouffante, sur un fauteuil en cuir, sous un ridicule dais de bois ou de peluche, et prétendre qu'il est tout, qu'il sait tout et que quoi qu'il décide, a tout à fait raison. Qu'il renonce ou soit incertain dans ses décisions et malheur à lui. Personne n'a une grande estime d'un juge qui ne connaît pas son métier ou du moins ne prétend pas le connaître.

Il est remarquable de constater à quel point quelqu'un qui a été longtemps sur le banc peut conserver le sens des proportions. Tout ce qu'il dit et fait devant le tribunal est définitif et apparemment approuvé. Si ses décisions sont annulées , elles ne l'affectent pas sérieusement ; il a jugé tant de causes qui n'ont pas été portées en appel, et la plupart de celles qui ont été confirmées. Le revirement intervient longtemps après et ne blesse pas ses sentiments. Quoi qu'il en soit, il essayait de faire de son mieux et la nature humaine est peut-être faillible, même si, à sa connaissance, le monde entier de la petite salle d'audience où il siège a conspiré pour lui montrer qu'il est divinement bon. doté.

Sa position n'est pas exactement celle du bluff, mais il est le personnage central de la scène ; comme le métier d'acteur, le métier de juge fait de lui un égoïste. Prenons par exemple les éléments essentiels de sa connaissance du droit. Il est le *Jus Dicens* , celui qui dit la loi, le nom de juge étant dérivé de deux mots latins. Il est censé connaître le droit, du moins il doit connaître par cœur la procédure judiciaire et le droit de son État. Dans l'État de New York, par exemple, le Code de procédure civile compte cinq cent mille mots. Il est tenu de prendre connaissance d'office sans être informé de toutes les lois de la législature de l'État, qui sont adoptées au rythme de six cents par an.

Il est également censé connaître les lois des États-Unis adoptées à Washington et connaître parfaitement les dernières décisions des Cours suprêmes des États-Unis , ainsi que celles des 125 dernières années. Il doit comprendre et donner l'impression qu'il connaissait à l'avance toute décision des tribunaux de son propre État citée, qui est commodément et soigneusement imprimée dans 219 rapports de la Cour d'appel de New York, 173 volumes des rapports de la division d'appel et 96 volumes des divers Des rapports, sans parler des avis et décisions d'autres tribunaux qui ne sont pas du tout imprimés. Sa connaissance de la loi est une chose effrayante et merveilleuse ; il doit avoir un esprit océanique.

On raconte qu'un des dirigeants du barreau avait autrefois dans son bureau un jeune homme qui, avec son âge et sa réputation, fut élu à la magistrature. Avant le premier janvier, date à laquelle il devait prêter serment, l'ancien employeur et ami l'envoya chercher. A son arrivée, il fut accueilli ainsi : "Joe, je t'ai fait venir parce que je voulais te voir avant que tu deviennes juge. Je t'aime beaucoup et je voulais te revoir tel que tu étais, car après Si vous allez sur le banc, vous deviendrez forcément une chemise en peluche, car c'est le cas pour tous.

Que tant de personnes s'échappent est l'une des merveilles de la nature humaine. Le fait qu'ils conservent leur humanité est dû à une disposition de la Providence à tempérer le vent en faveur de l'agneau tondu. Le poste enlève nécessairement toute initiative. En politique, le juge est reconnu comme un « mort ». Après quelques années sur le banc, seul l'homme d'exception peut se libérer des entraves de son métier et retrouver la vraie vie. Il cesse de se battre, il n'est pas énergique.

En tant que bon juge, il doit être ferme mais retenu. Il n'est peut-être pas trop catégorique. Chaque incitation vise à le rendre paresseux, gros et facile. Devant lui, tout le monde s'incline et attend qu'il parle. Il est le maître absolu entre les quatre murs de son tribunal. Les seules influences restrictives sont les réactions des avocats et des spectateurs qui se trouvent devant lui. Leurs opinions ne peuvent pas être ouvertement exprimées ; ils sont réservés jusqu'à après. Si un juge a vraiment une idée de la haute estime dans laquelle il est tenu, qu'il s'informe de ce qu'on dit de lui une fois l'affaire terminée, au moment où clients et avocats descendent dans l'ascenseur, ou de ce que disent les banquettes arrière. ont chuchoté.

Il s'en doute probablement, mais aussi tolérant qu'il désire se montrer, il est tenté de montrer que son autorité est suprême ; que lorsque les avocats commencent à argumenter sur un point sur lequel il s'est formé une opinion, il faut leur couper la parole ; lorsque le témoin tremble à la barre quant à savoir si l'accident s'est produit un jeudi ou un vendredi, pour lui demander : « Vous ne savez pas que jeudi était le 16 avril de l'année dernière », ce qu'elle ne sait bien sûr pas . Il y a la tentation de penser qu'il ne peut jamais se tromper ; qu'une question peut être rediscutée, mais qu'il ne changera pas d'avis.

Il est possible que le juge soit un tyran modéré. Mais il n'est pas toujours prudent de supposer qu'en tant qu'intimidateur, il est aussi un lâche. C'est peut-être le cas, mais lors d'un procès, les chances sont trop en sa faveur. Si l' avocat veut combattre le juge, l'enjeu est énorme ; il peut éveiller un préjugé si fort que le juge, connaissant mieux que lui les règles du jeu, peut le battre sur un détail technique. D'un autre côté , c'est une erreur de la part de l'avocat d'être servile et trop timide. En tant qu'intimidateur, le juge a tendance à profiter de sa position. La meilleure politique est de faire appel à ses instincts humains en tant qu'homme. Il peut être honnête malgré les critiques des tribunaux qui affirment le contraire. S'il est bien traité, il répondra.

À New York, les juges ont été nommés jusqu'en 1846 environ, lorsqu'il y a eu un soulèvement populaire et que la constitution a été modifiée, et depuis lors, ils sont électifs, à l'exception de certains tribunaux mineurs. Les avantages des deux méthodes restent une question ouverte. Les arguments en faveur de la nomination sont qu'elle garantit l'indépendance du pouvoir judiciaire et qu'elle permet d'obtenir de meilleurs hommes pour siéger à la magistrature, alors que l'autre ne le fait pas, car l'avocat de la plus haute classe ne subira pas les troubles et la prétendue dégradation d'une campagne politique. Ces arguments ne sont pas valables.

L'argument en faveur de l'élection des juges est qu'elle rend la magistrature plus humaine, plus moderne et en contact avec la volonté du peuple. L'une est l'idée aristocratique, l'autre l'idée démocratique. Un tribunal tel qu'il est actuellement constitué est une institution autocratique mais les juges devraient être des démocrates. Le sentiment prévaut que l'homme qui a traversé un parcours politique impliquant une préparation aux campagnes électorales est plus compréhensif des besoins du peuple qu'il doit servir et que les tribunaux devraient être organisés sur une base commerciale.

Un aspect amusant d'un juge électif est qu'il se trouve dans une position anormale. S'il fait de la politique, s'il s'efforce de se faire des amis soit par ses décisions sur le banc, soit par l'obéissance aux mandats d'un chef politique supérieur quant à la nomination des arbitres et des séquestres, il devient immédiatement un juge corrompu. L'odeur de ses décisions injustes parviendra tôt ou tard aux narines de la communauté et ses chances d' être réélu seront perdues. Il court le risque d'être inculpé et expulsé.

Si, d'un autre côté, il oublie l'organisation qui l'a élu, soit en matière de favoritisme, soit en raison du refus d'un recours judiciaire souhaité, et conduit son tribunal de manière à ce qu'il n'y ait ni crainte ni faveur, il est un ingrat politique et ne mérite ni réélection ni promotion. Bien sûr, ce sont les deux extrêmes ; Heureusement, la nature humaine n'est pas celle que prétendent les sociologues et les théoriciens politiques.

Le patron politique n'est pas l'ogre sans scrupules que l'on imagine. Il n'ordonne pas au juge de trancher l'affaire du contrat de cent mille dollars en faveur de son acolyte. Il aimerait peut-être qu'il le fasse, mais il ne le demande pas. Le juge ne se met pas non plus en quatre dans l'autre sens et n'emprisonne pas l'entrepreneur parce qu'il est un ami du patron. Les mouvements pour l'élection non partisane des juges montrent la reconnaissance de certaines de ces incongruités.

La lumière vive et féroce qui joue autour d'un trône rend également le juge visible. S'il éternue, s'il tousse, s'il boit un verre d' eau , il est probablement fiévreux et contrarié. S'il reste immobile, il va dormir et ne fera plus attention. S'il se lève ou s'assoit, cela indique comment il va trancher l'affaire. Chaque mouvement est surveillé. La position d'un juge n'est pas enviable. Il est l'objet concret auquel s'attachent les maux du tribunal. Pour l'esprit populaire, il est le tribunal, la loi, la méthode de procédure, la source de tous les détails techniques et des retards. Le camp battu lui en voudra, et le camp vainqueur pense qu'il aurait dû en obtenir davantage.

S'il est indulgent dans l'interprétation de la loi, il peut être appelé à rendre compte de son incapacité ; s'il est trop strict, on l'accuse d'irritabilité. S'il est trop poli, il peut donner l'impression de vous accorder une faveur. Un juge d'un tribunal, désireux d'être gentil, a un jour demandé à un jeune conseiller dont le cas avait été rejeté pour des raisons techniques de venir s'asseoir sur le banc avec lui. Le jeune homme s'est ensuite plaint à ses amis que le juge voulait lui faire honte et le mettre en évidence.

Rares sont les juges qui osent écourter l'interrogatoire d'un témoin, alors que la durée et l'orientation d'un procès sont censées relever du pouvoir discrétionnaire du juge. Il est gêné par les détails techniques de ceux qui insistent, espérant un renversement en appel, et parfois les mêmes détails techniques sont utilisés pour empêcher que les faits réels ne soient révélés. La solution réside probablement dans l'extension des pouvoirs des juges sur la conduite d'un procès.

Il occupe une position d'intérêt et d'autorité qui impose le respect. En Angleterre, il s'habille pour le rôle avec des bas de soie et est le plus important du roi ou à peu près égal à un évêque. En Allemagne, il est un peu meilleur qu'un Herr Pastor ou qu'un médecin, mais inférieur à un jeune lieutenant de l'armée. En France, les salaires des juges sont pitoyables. Le plus haut, le président de la Cour de cassation, reçoit 5 000 dollars par an et les juges inférieurs seulement quelques centaines, sans aucune possibilité de gagner quoi que ce soit en exerçant le droit, mais là, les juges sont persuadés de retirer le solde de ce qu'ils devraient avoir. en salaires en l'honneur de leur position.

Nous sommes si scandaleusement francs et réalistes que nous pensons que le caractère conventionnel de la pompe et des circonstances a été trop pris en compte dans les tribunaux et dans la procédure judiciaire, que la dignité ne s'obtient pas en portant une perruque, des culottes courtes ou des robes d'hermine et de soie. . Il est normal qu'un peuple au langage franc éprouve du mépris pour l'État et les symboles. Toute tentative de retour aux conventions de l'Europe se heurte au mépris de la démocratie.

En nous révoltant sur la forme , nous avons été si occupés que nous n'avons pas pris conscience du changement de fond qu'exigeaient les conditions modernes. Les tribunaux parviennent progressivement à une base plus simple. Autrefois, ils étaient peut-être entourés de plus de faste et de magnificence, mais l'œuvre est maintenant mieux organisée et le déroulement des travaux suit des lignes plus modernes. Les changements dans les actes de pratique vont révolutionner les procès. Les gens sourient de la dignité de leurs tribunaux et de leurs juges. L'esprit moderne est pour plus de franchise, de simplicité et de franchise.

S'il est un homme sain d'esprit et raisonnablement simple, le juge essaie d'accomplir son devoir selon la lumière qui est en lui. Il connaît certaines lois, a vu couler devant lui une quantité de nature humaine et de passions. Le prétoire, sa position d'autorité, le respect de la communauté, le drame humain, l'exigence abstraite et intangible de quelque chose au-dessus de l'actuel éveillent chez le juge cette passion pour la justice qui est une qualité presque divine. L'homme lui-même devient patient, compréhensif et humain. Presque tout homme, aussi petit soit-il au début, assume les responsabilités de sa position. Ainsi en est-il du juge.

On ne sait pas si le juge a droit à plus de respect de la part des avocats et des laïcs ou si les laïcs ont droit à plus de respect de la part du juge. Le juge est assis, indolemment recroquevillé dans son fauteuil ; devant lui, un avocat du barreau discute. Il plaide avec éloquence en faveur d'un jeune avocat qui est sur le point d'être puni pour « outrage au tribunal ».

"Et ainsi Votre Honneur se rendra compte que dans la chaleur et l'excitation d'un procès, dans la tourmente de la bataille juridique, dans l'intensité d'une lutte médico-légale, le jeune homme a peut-être oublié le respect et la déférence qui sont toujours dus d'un membre du barreau au représentant de la haute justice.

Le juge ne semble pas affecté par l'appel. Le jeune homme s'est montré impoli et impertinent, une amende de 250 $ doit être imposée en guise de punition pour sa mauvaise conduite.

Soudain, le plaideur, d'un geste de la main et un clin d'œil, dit : « Regardez la différence entre la position d'un avocat qui, alerte avec une énergie agitée, oublie momentanément ses manières en se battant pour son client, et d'autre part le calme, — désignant le juge encore à demi allongé sur son fauteuil, — le calme, je le répète, du repos judiciaire complet.

Il y a un sourire dans la salle d'audience. Le juge se redresse, voit l'humour de la situation et l'amende est remise.

Il y a un jeu constant d'influences opposées sur le juge. En tant que défenseur de la loi , il devient formaliste et réactionnaire. Les exigences insistantes de l'humanité, que la loi ne pourra jamais satisfaire, tendent à faire de lui un révolutionnaire. L'élément salvateur pour lui est qu'il n'est qu'une partie d'un système dont il n'est pas responsable.

Lorsque le juge a fait appeler le rôle des causes du jour et a statué sur les demandes d'ajournement, il se tourne vers le greffier qui commence à appeler les hommes qui doivent jouer un rôle important sur la scène, le jury.

La solution au problème, en ce qui concerne le juge, est de lui donner un plus grand pouvoir. Qu'il soit entièrement responsable de la conduite d'une affaire devant le tribunal. Sa position ne doit pas être celle d'un arbitre qui reste silencieux jusqu'à ce qu'un différend surgisse, mais plutôt celle d'un enquêteur en chef au fond, assisté des deux avocats et du jury.

LE JURY ANXIEUX

La principale caractéristique du jury est qu'il ne veut pas être présent au tribunal. Le nom vient du mot français *Juré* , juré, ou l'homme qui a prêté serment. Il n'y a probablement aucune raison de supposer que le mot dérive de l'état d'esprit dans lequel se trouve un juré, et il ne désigne pas non plus les paroles qu'il a exprimées en référence à son devoir : plus exactement, ce sont les hommes qui ont juré de faire justice. L'implication du mot servir est qu'il existe une punition ou une pénalité attachée au devoir de juré. Elle n'est pas considérée comme de la servitude pénale par l'homme moyen, mais elle semble s'en rapprocher. Pendant qu'il sert, ses affaires s'effondrent, sa femme ne comprend pas pourquoi il ne rentre pas dîner et toute sa vie est chamboulée. Lorsqu'un homme a fait partie d'un jury , il reçoit une lettre de décharge.

Le devoir de juré est l'une des obligations de la citoyenneté et son devoir le plus élevé ; c'est en même temps l'un de ses privilèges. Les étrangers et les idiots ne peuvent pas servir. Les médecins, les soldats, les journalistes, les ecclésiastiques et autres, outre ceux qui sont sourds, aveugles ou autrement handicapés, sont exemptés. L'expérience de faire partie d'un jury peut être ennuyeuse, mais elle s'élargit et donne l'occasion de voir la nature humaine d'une manière que peu de gens apprécient. Faire partie d'un jury, c'est faire partie du système judiciaire de l'État et, pour le moment, appartenir à la classe dirigeante.

"Toute la journée", dit le greffier, "ils ne font que se plaindre et se plaindre d'être tenus à l'écart de leurs affaires, mais lorsqu'ils sont choisis pour une affaire, ils se rendent compte que cela ne sert à rien, alors ils s'installent pour faire ce qu'ils veulent. est correct." L'homme de la campagne n'a peut-être pas grand-chose à faire et peut considérer son devoir de juré plutôt comme une diversion ou des vacances après son travail agricole, mais l'homme de la ville moyen estime que les 2 \$ par jour qu'il reçoit ne sont que de l'argent pour son déjeuner, comparés à la somme qu'il perd dans son entreprise. , et donc il déteste ça.

Le premier avertissement de problème qu'un juré reçoit est lorsqu'il rentre chez lui et découvre qu'un policier le recherche. Il faut espérer qu'il a une conscience innocente. Il s'enquiert davantage et apprend que ce n'est qu'un fonctionnaire du tribunal qui l'a convoqué au tribunal pour le procès le mois prochain. Sa première préoccupation est de voir ce qui peut être fait sur le plan politique. S'il appartient au club local du district, mais ici, que le rideau soit tiré. En outre, il n'accomplit peut-être pas grand-chose, c'est pourquoi de nombreux juges ne semblent pas se souvenir de leurs obligations politiques. Il essaie ensuite de joindre le juge par l'intermédiaire d'un ami et, en cas d' échec , il se rend au tribunal, avec résignation, au jour fixé.

Lorsqu'il vient là-bas pour la première fois , il sourit au greffier et essaie de se faire des amis, mais le greffier qui s'y est rendu plusieurs fois auparavant n'est pas du tout réceptif. Peut-être se précipite-t-il vers le cabinet du juge et parvient-il à voir le secrétaire du juge, qui comprend que le mois est décembre et la saison chargée de l'année dans le secteur des fleuristes et qu'il n'y a qu'un seul assistant dans le magasin, mais le juge est occupé et ne le verra que depuis le banc. Finalement, il se rend au tribunal et attend que son nom soit appelé.

Après l'appel, il s'approche timidement de la rampe et attend là que Son Honneur le remarque. Son Honneur est occupé à se moucher ou à signer des papiers. Finalement, l'huissier le désigne. Le juge se renfrogne et lui demande ce qu'il veut. En tremblant, il explique sa difficulté : que son entreprise a besoin de lui ou que sa femme est malade et qu'il servira un autre mois s'il peut être libéré maintenant. Le juge lui donne une conférence sur le devoir de citoyen et la responsabilité du devoir de juré et dit qu'il regrette de ne pouvoir l'excuser.

Par la suite, lorsque le juge estime qu'il y a suffisamment de jurés présents au tribunal pour les besoins du calendrier, il peut en privé faire savoir au juré par un assistant du tribunal qu'il est excusé pour le mandat ou pour quelques jours jusqu'à ce que la ruée de Noël soit terminée ou sa femme va mieux. Les juges sont souvent humains, mais s'ils excusaient ouvertement le juré , ils verraient tous les autres présents réclamer la même exemption. Si le juré veut simplement se soustraire à son devoir , il n'est probablement pas excusé. Le juge semble étonnamment intelligent et discriminant et capable de distinguer les moutons des chèvres. L'homme qui veut simplement échapper au service doit généralement le faire, et celui pour qui c'est une épreuve est parfois laissé pour compte. Les jurés estiment de manière uniforme qu'il s'agit d'un mal nécessaire, mais pas si grave une fois au tribunal.

Jusqu'à ce qu'une affaire soit appelée à être jugée, ils restent assis dans la salle d'audience ou marchent dans les couloirs. Pendant ce temps, le juge arrange le calendrier, et ils ont observé les manœuvres des avocats pour faire ajourner leurs procès, ou ils ont peut-être vu les petits jeux amusants lorsqu'un avocat traverse l'allée de la salle d'audience. , boutonne son adversaire et lui murmure quelque chose. L'autre avocat fait signe à son client et la partie se dirige vers la salle où se tient une conférence secrète sur une proposition de règlement. Quelque chose est convenu, sinon ils pourraient ne pas s'entendre et décider de poursuivre le procès. S'il doit y avoir un règlement, les deux avocats s'approchent du rail et disent :

"Votre Honneur nous excusera-t-il si nous l'interrompons et marquons que le cas d'Allen contre Brewster est réglé." Le juge sourit de plaisir ; cela ne le dérange pas du tout d'être interrompu à cette fin. Il est heureux d'avoir une affaire de plus hors du score.

Quand vient le temps de désigner un jury , ils attendent que leurs noms soient appelés en pensant que le couperet est sur le point de tomber. Pendant qu'ils sont examinés , ils répondent honnêtement aux questions sur leurs occupations et leurs opinions , mais si pour une raison quelconque ils sont excusés, ils quittent la boîte avec un sourire à ceux qui sont emprisonnés et un soupir de soulagement alors que le danger s'est échappé.

Comme beaucoup d'honneurs, le poste de président de jury est un honneur vide de sens. Il occupe le premier siège et il mène le cortège lorsque le jury entre et sort du tribunal ; il annonce également le verdict, mais il n'a aucun pouvoir réel ni dans la salle des jurés ni au tribunal. S'il y a un vote à avoir, il n'a pas de voix décisive, mais dans les délibérations, il tombe rapidement au niveau que justifient ses résultats.

Au cours du procès, un sentiment de ressentiment à l'égard de la procédure judiciaire grandit. Ce n'est plus le juge qui les retient et les retarde. Les témoins ont l'air d'être des imbéciles, c'est vrai, mais les avocats les font agir plus bêtement qu'il n'est nécessaire. Pourquoi le juge prend-il des décisions aussi absurdes ? La loi doit être une chose déraisonnable et le juge en sait évidemment beaucoup sur elle. Pourquoi les témoins ne peuvent-ils pas dire ce qu'ils savent ? Les moments les plus fastidieux sont ceux où les avocats commencent à discuter des témoignages. Une partie veut que le témoin dise quelque chose et l'autre non. Le juge reste immobile et laisse les avocats continuer à parler comme s'il s'agissait de quelque chose d'important, peut-être qu'il n'y peut rien. Les avocats ou le juge ne peuvent pas avoir grand-chose à faire. Le juge, il est vrai, est payé pour écouter, mais les avocats doivent être bien énervés lorsqu'ils continuent à parler ainsi. Aucun juré ne resterait ici à perdre son temps pendant les heures de bureau, et après il y a les journaux, le dîner et emmener la famille au cinéma, tout cela est bien plus raisonnable.

"Dites, c'est comme un spectacle de vaudeville de voir ces deux-là continuer", pense le juré. "Vous ne pourriez pas le battre si vous le mettiez dans un acte. Georgie Cohan ou Joe Weber pourraient faire fortune s'ils engageaient seulement des avocats comme acteurs ou s'ils se présentaient au tribunal pour leur matériel."

Parfois, le juge appelle les avocats à son bureau et ensemble ils discutent de quelque chose que le jury ne peut pas entendre. Le jury a l'air de s'en moquer. S'ils veulent parler davantage, eh bien, laissez-les. Peut-être qu'ils préparent un jeu et que le jury attendra que leur tour vienne. Dans la salle des jurés, ils peuvent leur montrer de quoi il s'agit ; c'est là qu'ils savent que leur chance se présente. Même si le juge essaie seulement de découvrir quelque chose sur l'affaire, c'est une chose raisonnable à faire. Pourquoi les avocats ne viennent-ils pas parler au jury comme ça ? En quelques minutes, ils pourraient leur poser quelques questions qui régleraient toute l'affaire.

Ce qui est étrange, c'est que lorsqu'un témoin a dit quelque chose et a fait part de ce qu'il pensait de l'ensemble de l'affaire, ce qui est exactement ce que le jury veut savoir, l'un des avocats se lève et dit qu'il décide de supprimer complètement cette partie et le le juge annule. L'avocat ayant marqué un coup, dit alors :

"Je demande à Votre Honneur de demander au jury de ne pas tenir compte du témoignage qui vient d'être donné."

"Messieurs", dit le juge, "les témoignages qui viennent d'être présentés ont été rejetés par le tribunal et ne sont pas pertinents en l'espèce, et je dois vous demander de ne pas tenir compte de ces paroles du témoin et, pour parvenir à votre verdict, de ne pas les prendre en compte. ".

De toutes les absurdités qui surviennent au tribunal, les jurés pensent que celle-là est la pire. Le juge ou l'avocat croit-il un instant que, parce qu'ils le disent, les jurés vont oublier ce que le témoin a dit, surtout alors que c'est précisément ce qu'ils voulaient savoir ? Ils regardent le sténographe et remarquent qu'il ne prend même pas la peine de le rayer du cahier.

Il arrive parfois qu'un juré soit particulièrement intéressé et veuille remettre en question quelque chose. Habituellement , il est trop gêné pour courir le risque d'être snobé, mais parfois il est plus audacieux et ose une question.

"Pourquoi", demande le juré, "la défenderesse n'a-t-elle pas restitué les marchandises si elles n'étaient pas ce qu'elle voulait ?" Les deux avocats sont debout. Il y a un appel muet au tribunal ; les deux parties ont peur de s'opposer à la question car elles pensent que le juré pourrait avoir un préjudice s'il était arrêté. Le juge vient généralement à la rescousse et dit au juré qu'il est désolé, mais que sa question est manifestement inappropriée dans la forme. La preuve devrait indiquer si le défendeur a fait une certaine chose ou ne l'a pas fait. La raison pour laquelle il l'a fait n'est pas pertinente. Après deux ou trois tentatives de ce genre, le juré se calme et assiste patiemment au procès, sans aucune suggestion. Il pense qu'un jeu désespérément compliqué se joue devant lui et il ne tente pas d'intervenir.

Il y a peut-être une part de vérité dans la théorie de l'avocat qui dit :

"Faites toujours attention au juré qui pose des questions à votre témoin. Il est contre vous. S'il croyait absolument le témoin , il le laisserait passer sans l'interroger." Ce raisonnement peut être utilisé comme argument dans un sens ou dans l'autre, car si le juré croit le témoin , il peut estimer qu'il aimerait qu'il en dise davantage. Ou bien, s'il ne l'accepte pas comme véridique, il pense que cela ne vaut pas la peine de lui poser d'autres questions. Une conclusion peut être tirée quant à l'attitude du juré pour et contre.

Une chose inexplicable pour le jury, c'est lorsque le juge lui retire l'affaire et ordonne un verdict ou le rejet de la plainte. Il est déraisonnable que le jury soit obligé d'écouter toute cette masse de témoignages et, à la fin, de ne pas avoir la possibilité de prendre une décision. Si le plaignant n'avait pas de dossier, pourquoi le juge l'a-t-il laissé continuer ? Il aurait dû le découvrir plus tôt au lieu de perdre tout ce temps.

Une fois l'affaire terminée, il peut arriver que les deux parties se prononcent en faveur du verdict et que le jury n'ait alors plus rien à faire. Le juge dit :

"Messieurs le jury, je vous demande de trouver un verdict pour un tel." Avant qu'ils aient la possibilité de dire s'ils le feront ou non, le greffier annonce le verdict pour tel ou tel. C'est très ennuyeux et décourageant, surtout lorsque le jury allait rendre un verdict directement contraire à la décision du juge. Techniquement, ils ont le droit de refuser de rendre un verdict comme le juge le juge, mais s'ils le faisaient, cela entraînerait seulement un échec du procès.

C'est une illustration de la différence entre la fonction d'un juge et celle d'un jury. Le jury se prononce sur les faits, le juge sur le droit. Lorsque le juge rejette l'affaire, il dit que les faits peuvent être vrais et que ce qui s'est passé peut être véridique, mais même dans ce cas, cela ne fait aucune différence. La loi est que ces faits ne constituent pas un dossier. Ce n'est que lorsque les faits établissent une thèse que le jury a une fonction. Il leur appartient ensuite de déterminer si les faits sont tels que le demandeur le prétend ou tels que le défendeur. Le jury est généralement perplexe et ne comprend pas la distinction. Dans certains cas , le juge détermine à la fois les faits et le droit et décide de l'ensemble de l'affaire. Dans ces cas-là, et dans ce qu'on appelle l'équité, il n'y a pas de jury, mais un juge peut toujours demander un jury s'il souhaite que celui-ci détermine les faits.

Un jury est censé être avantageux pour le défendeur dans une action pénale et pour le demandeur dans une action civile.

"Un juge vaut mieux que douze", estime le défenseur du système sans jury. "Le droit est une chose technique et vous ne pouvez pas présenter un argument technique assez clairement pour que douze hommes puissent le comprendre parfaitement."

Il n'y a pas de discussion sur le système de jury. Les jurés ont déjà été convoqués et sont au tribunal et jusqu'à ce que la structure de la loi soit modifiée , ils resteront. Ils sont prêts à juger toute affaire qui pourrait leur être soumise. Le juge éprouve un soulagement de ne pas avoir à passer sous silence les faits. La loi étant posée, il ne lui reste plus qu'à veiller à ce que les faits soient présentés équitablement et clairement au jury, à ce que les deux parties mènent l'affaire de manière raisonnable et à ce que le procès soit aussi ouvert que possible. L'attitude anxieuse à l'égard du jury est celle des parties à juger, des avocats et de leurs clients.

Le jury n'est pas très excité par les torts d'un côté ou de l'autre. Ils n'apprécient certainement pas le procès et ne le considèrent pas comme un exemple de bon combat, même si, dans le système de procédure actuel, c'est ce qu'il est censé être.

L'AVOCAT VERITABLE

Les avocats sont tout aussi importants dans le casting. Ils jouent les rôles qui représentent l'action. Le juge et le jury sont les personnages lourds. Les clients qui font leurs entrées et sorties en prenant ou en sortant du siège des témoins ont une importance mineure. Les avocats occupent le devant de la scène la plupart du temps. Leurs clients regardent, le juge et le jury se taisent et les écoutent.

Pour faire un essai ou un concours, il doit y avoir deux côtés. Il peut y avoir trois avocats ou plus, mais ils se divisent généralement en deux groupes et prennent parti. L'attaquant , le plaignant, le plaignant ou le procureur, est naturellement le plus agressif et celui qui se défend.

L'avocat de ce dernier est celui qui se méfie et est alerte. Parfois, l'avocat attaquant ayant obtenu une position s'assoit et la défend. Durant le procès, il y a un changement constant d'attaque, la prise d'une redoute, des charges et des contre-charges, des tranchées prises et à nouveau abandonnées. La bataille intellectuelle et juridique est aussi âpre que n'importe quelle bataille physique. Pour l'observateur compréhensif et le participant, c'est un moment capital et intense.

Pendant que le concours se déroule, il n'y a pas d'entracte. Le combat est toujours brûlant, vif, amer. Aussi calme que puisse se comporter l'avocat, sous son extérieur calme, il est prêt à se battre, mordre, griffer, tirer, tuer, trancher, mais il doit toujours le faire selon les règles du jeu, sans jamais frapper en dessous de la ceinture. Le sujet de la bataille est le problème, le résultat est appelé le verdict, ou la décision, et la déclaration formelle du tribunal quant au résultat, le jugement.

Le concours est si réel qu'il cesse bientôt d'être une pièce de théâtre. C'est trop sérieux et quelle que soit la qualité humoristique qu'il puisse posséder, il ne perd jamais l'intensité sous-jacente du conflit humain. Un avocat plaidant réputé dit qu'il ressent toujours la perte d'une affaire au creux de son estomac, un autre qu'il ne peut jamais commencer un procès sans s'éponger le front de peur que des gouttes de transpiration ne soient visibles. Même si les procès ordinaires et habituels peuvent devenir pour les participants, il restera toujours le profond stress sous-jacent des passions humaines.

Lorsque les avocats sont surveillés, ils peuvent apparaître alternativement comme sautant et s'asseyant comme des diables dans la boîte ou ces chiffres météorologiques, où si l'un entre, l'autre sort. Leur apparence diffère selon les tribunaux des tribunaux supérieurs, où l'éminent chef du barreau, aux lèvres fines et aux favoris blancs, débat en redingote devant la cour d'appel, de questions d'importance internationale, ou le petit homme aux yeux anxieux. avocat où, dans l'un des tribunaux inférieurs, avec une bague en diamant voyante et un mouchoir sortant de sa poche en forme de drapeau américain, se dispute, tout en mâchant du chewing-gum, pour savoir si son client doit payer ou non les quatorze dollars de loyer.

Il n'y a jamais de paix entre eux. Parfois, il y a une trêve lorsqu'ils se réunissent pour s'entendre sur un certain état de fait ou sur des conclusions de droit, mais essentiellement ils sont en guerre ; sinon, ils ne seraient pas devant le tribunal. La seule raison de leur présence est une question à trancher.

Souvent, ils semblent si enthousiastes que la violence physique semble imminente. C'est comme s'ils étaient sur le point d'entrer en bagarre. Le juge dit : « Messieurs, messieurs ». Ils apparaissent comme deux écoliers coquins qui doivent être contrôlés par leur maître. L'un est d'abord retenu et réprimandé, puis l'autre est soumis strictement aux règles du jeu. Comme les écoliers, même s'ils se battent entre eux, ils semblent parfois ligués contre le juge. Comme dans un match de baseball, les deux équipes s'unissent contre l'arbitre. Il existe un sentiment de classe commun entre les avocats qui les opposent au juge. Cela s'explique peut-être par une psychologie assez subtile.

Les avocats sont avant tout au tribunal pour plaire à leurs clients. Chaque décision du juge à leur encontre sur des points de preuve même mineurs, toute décision défavorable leur est fatale du point de vue de la rétention du client pour le prochain litige. Ils regardent le juge avec des yeux de lynx. Va-t-il éloigner le client d'eux ? S'il les réprimandait ou parlait sévèrement, leur client penserait qu'ils ont mis le juge en colère et qu'ils ont donc perdu le procès. La défaite dans une affaire est si importante que si un avocat perd une affaire , il perd probablement son client.

Dans l'un des tribunaux de l'East Side, un jeune avocat s'est présenté un matin avec une cicatrice sur la joue, une égratignure sur le nez et du plâtre sur le menton. Le juge l'avait souvent vu auparavant. Une fois l' affaire terminée , il l'a appelé au tribunal et lui a dit qu'il était désolé d'avoir eu un accident et lui a demandé ce qui s'était passé. "Oh, pas grand-chose", a déclaré l'avocat, "la semaine dernière, j'ai tout simplement perdu le procès d'un client".

Le reproche de l'avocat au juge est toujours qu'il a oublié qu'il a été lui-même avocat. Il ne réalise pas à quel point il est important que l'avocat fasse bonne impression à son client. Son sentiment est que si le juge l'interrompt alors qu'il discute, le client pensera qu'il parle de manière stupide. Le juge rejette son objection. Le client pense que le juge ne l'aime pas. Le juge rejette sa requête en radiation, il ne voit visiblement pas l'avocat d'un bon œil. La chance de l'avocat de se montrer est de parler. S'il n'est pas autorisé à continuer, il estime que le juge est déraisonnable en ne l'écoutant pas.

Il est difficile de faire la distinction entre la prise en compte du sentiment des avocats et l'insistance du juge à ce que justice soit pleinement et rapidement accomplie. D'un côté, il y a les tribunaux où aucune limite n'est imposée aux digressions des avocats et où ils peuvent se promener indéfiniment, apparemment simplement pour montrer leur discours à leurs clients, et d'autres tribunaux où les mauvaises manières incontestables des juges envers les juges bar sont impardonnables.

Le contrôle du procès est nécessaire car il s'agit d'une lutte devant un tribunal sur un territoire défini. C'est une épreuve intellectuelle par le combat, un plafonnement des intellects. C'est comme un jeu d'échecs dans lequel la chance est éliminée, l'échiquier est libre, les pièces sont égales, la manière dont elles peuvent se déplacer est fixée par les règles du jeu de procédure judiciaire. L'élément de hasard ne vient pas du tribunal ou de la procédure, mais du fait que les pions, les châteaux et les chevaliers ne sont pas en ivoire, mais sont humains et mutables.

Les avocats sont mécontents des tribunaux, tandis que les juges estiment que les déficiences sont de la faute des avocats. Les avocats, disent-ils, ne coopèrent pas avec les juges dans l'administration de la justice et sont trop occupés à leur propre jeu. Ici entre en jeu la question académique de savoir si le devoir d'un avocat est d'abord envers le tribunal et la justice, ou d'abord envers son client, s'il défend un homme qu'il sait coupable. La dispute est de deuxième année. Il est avant tout et à tout moment le défenseur de son client. C'est la raison de son existence. Il est l'agent de son client ; sa langue, son cerveau et son énergie appartiennent à son client. Il est sans aucun doute justifié dans tout ce qu'il fait, s'il respecte les règles. La meilleure manière de promouvoir la justice consiste à respecter au maximum les règles de la justice.

Il faut rappeler que l'avocat occupe une position incertaine. En tant qu'officier de justice , il a juré de promouvoir la justice ; en tant que champion de la bataille, il a la profonde obligation de faire de son mieux pour son client. Parfois, le conflit entre ses fonctions semble réel. En tant qu'officier de justice , il a le privilège de prendre la parole. Il peut être entendu et admis au tribunal. C'est comme s'il avait rejoint un club dans lequel les duels ou les jeux sont autorisés. L'obligation qui lui incombe est d'agir en gentleman et d'obéir aux règles et de ne pas tricher. S'il respecte les règles, il est probablement un gentleman et peut faire ce qu'il veut pour ses clients.

S'il y a une plainte contre les tribunaux, c'est la faute des avocats, s'il y a des critiques contre les avocats, c'est la faute des tribunaux. Ils sont interdépendants et indissolubles. Si un club house n'est pas adapté à ses objectifs, s'il est démodé, branlant et sale, c'est la faute des membres. Si les membres ne se comportent pas bien, le club house aura une mauvaise réputation.

Les tribunaux sont des institutions et non des personnes ; les avocats sont les actionnaires individuels. Si, par ses actions au tribunal ou au sein du club, il porte la honte à lui-même en tant qu'avocat ou à son club, il n'y a pas grand-chose à faire. Les membres du club seront peut-être plus limités et sélectifs, mais le bâtiment ne sera pas amélioré sauf s'il peut être nettoyé un peu plus proprement.

Le juge comme le président du club doivent veiller à ce que les avocats respectent le règlement, il ne peut pas reconstruire le club house ni modifier matériellement le règlement. Les seules personnes qui peuvent apporter un changement sont les avocats. En tant que membres, ils sont les agents de leurs clients qui sont le grand public. Parfois, le public prend conscience de son pouvoir sur les tribunaux et les avocats, qu'ils sont leurs créatures ; alors se produit une révolution dans la procédure et quelque chose est accompli.

L'avocat attend au palais de justice que son dossier soit entendu. Cela peut prendre des jours, voire des semaines, avant qu'il soit marqué comme prêt. Il perd son temps. Les témoins ont été cités à comparaître . Il faut leur dire de revenir le lendemain. Il y a peu d'argent pour l'avocat. La pratique de bureau rapporte mieux que le travail judiciaire et, à l'exception des plaideurs éminents, il n'y a que peu d'honneur.

Pendant le procès, l'avocat semble s'entraîner. Il prend l'attitude de dire : « Je veux que ce point de droit soit résolu ; c'est un point tellement intéressant qu'il devrait être réglé. En fait , il veut seulement que cela soit réglé en sa faveur. Ce n'est pas l'intérêt abstrait mais le fait concret qui l'intéresse.

L'avocat est vigilant du début jusqu'à la fin du procès. Une fois l'affaire déclarée prête , il observe le jury, l'autre partie et le juge ; tout mouvement peut être important ; si cela lui échappe, il risque de perdre toute sa cause. Il n'est pas prudent pour lui de supposer que l'autre partie est aussi honnête que lui. S'ils tentent de présenter une preuve qui n'est pas appropriée, de proposer un papier qui n'est pas dûment authentifié, d'essayer par quelque astuce ou stratagème de tirer un avantage injuste, il doit être prêt à se jeter sur l'incident. S'il est rapide , il peut tourner la situation à l'avantage de son propre camp.

L'autre avocat parmi une liasse de lettres en propose une qui n'est qu'une copie ou qui n'est pas signée. L'avocat le remarque mais reste immobile et lorsqu'au moment opportun il attire l'attention du juge et du jury sur ce fait, l'implication évidente est que l'autre partie doit avoir un dossier très faible si elle a besoin d'être renforcée par des méthodes comme celle-ci . . L'argument est qu'il a laissé le document entrer sans objection parce qu'il pensait que l'affaire était de toute façon insignifiante et qu'il voulait que le jury voie la méthode sournoise de l'autre partie.

La qualité indéfinissable du magnétisme personnel est d'une importance très vantée. C'est comme cet horrible mot de charme ; personne ne sait ce que cela signifie et semble avoir une qualité surnaturelle. L'avocat plaidant n'a besoin ni de charme ni de magnétisme. Ce sont tous deux des absurdités . Comme les acteurs ou les combattants, s'ils sont suffisamment entraînés dans leur rôle ou s'ils savent utiliser leurs armes, le magnétisme personnel des avocats sur le juge et le jury viendra de lui-même . Le juge est une personne assez dure. Le jury est peut-être gouverné par les sentiments, mais il est un exemple de l'homme moyen et aucun des deux ne se laissera surprendre par le sourire ou les manières. Les qualités sonores prévaudront.

Un bel avocat plaidant qui connaissait parfaitement son affaire a eu un cas difficile. Son apparence et ses manières ont impressionné le jury. Ils suivaient chacun de ses mouvements. Le procès fut long et fastidieux. C'était l'époque de ces petits puzzles en fer pour séparer deux anneaux ou ancres ; de temps en temps, il en sortait un de sa poche et commençait à jouer avec. Le jury le suivrait des yeux pour voir s'il en était capable. Chaque fois qu'il pensait que les preuves pour l'autre partie devenaient trop intéressantes, le petit puzzle de fer sortait et le jury accordait plus d'attention à sa solution qu'au témoin à la barre. Il a obtenu gain de cause, mais ce n'est pas une raison pour recommander la diffusion de "Pigs in Clover" dans la salle d'audience. La raison pour laquelle il a gagné le procès était qu'il était un homme compétent et compétent.

La profession d'avocat n'est pas créative, mais sa valeur dans la structure sociale est cohésive. Il rapproche l'investisseur et le fabricant, il fusionne le capital et le travail sur une base juridique solide. Il ajuste les conditions aux lois et les lois aux conditions. C'est la profession la plus large d'esprit. Il est théoriquement l'échelon de la loi. Dans chaque communauté, l'éminent avocat est le citoyen éminent. Personne n'impose un plus grand respect. Mais il ne fait aucun doute que l'administration inefficace de la justice est dans une large mesure imputable à la profession juridique.

Le visage fin et aimable de l'avocat qui, mûr en âge et compréhensif, rayonne d'un sourire cordial est un reproche vivant aux détracteurs de sa profession. Minutieux, scrupuleux, large d'esprit et intelligent, avec un brin d'humour pour les fragilités de l'humanité, il regarde la mesquinerie des hommes avec une sage tolérance. Sous son aisance dans ses manières et la cordialité de ses relations se cache un monde d'expérience, de batailles menées et gagnées, de force de caractère inhérente, d'honneurs publics reçus et portés avec grâce. Il n'y a pas de limites à l'admiration et à l'amour auxquels il a droit.

A côté de l'avocat, et le regardant avec des yeux inquiets, est assis le client qui, à moins qu'il n'ait tort, souhaite vraiment que l'avocat fasse ressortir les faits de l'affaire plutôt que de lui faire montrer ses qualités de combattant.

LE CLIENT INQUIET

A l'instar du bailleur de fonds d'une pièce de théâtre, le client n'occupe pas une place importante sur scène. S'il apparaît comme acteur, il peut avoir un petit rôle parlant, mais ce n'est pas une star. Il possède le spectacle, et s'il ne paie pas , il perd, ou s'il gagne, il reçoit une partie des bénéfices. Par conséquent , il embauche les meilleurs talents qu'il peut se permettre. L'interprète vedette est l'avocat, mais en tant que producteur, le client a non seulement le choix du thème, mais la pièce parle de lui et de ses problèmes. Le grand drame consiste en un conflit d'émotions. Les émotions des deux clients opposés font un drame judiciaire. Le jeu des acteurs et la mise en scène sont l'art de l'avocat.

La philologie et la dérivation du mot client sont significatives. Il ne s'agit pas du principal, mais d'un suiveur. Il est dérivé du mot latin *Cluere* et du grec κλυειν , signifiant entendre ; celui qui écoute, un suiveur.

L'homme ordinaire a horreur des enchevêtrements de la loi. Un homme d'affaires à la tête dure dit qu'il préférerait payer une réclamation de 250 $ ou moins, même s'il n'a jamais vu le demandeur et que la poursuite était totalement infondée, plutôt que d'aller au tribunal. Il préférerait perdre la même somme plutôt que d'engager une action impliquant les ennuis et les dépenses liées à l'engagement d'un avocat, obligeant les témoins à perdre leur temps et le sien à attendre un procès, qui pourrait éventuellement aboutir à un jugement contre lui sur une base parfaitement raisonnable. juste une dette, soit à cause d'une erreur judiciaire, soit par la possibilité de ne pas recouvrer le jugement. Le sentiment typique est celui de l'agent de change qui disait : "Seuls les procès pour chantage vont devant les tribunaux, car si des hommes sensés ont un différend , ils savent qu'il est plus facile et moins coûteux de le régler à l'extérieur."

Le client est dans une pièce sombre. Il ne voit que partiellement ce qui se passe. Si l'affaire entière est rejetée hors du tribunal pour une question de droit ou un détail technique , il éprouve plus que du ressentiment contre le juge ; il est vengeur ; il dépensera chaque centime qu'il possède dans le monde pour faire appel et montrer à ce juge à quel point il a tort. En premier lieu, c'est une honte.

"Eh bien," dit-il, "le juge vient de nous expulser du tribunal. Nous n'avions aucune chance ; le juge devait être ami avec l'autre partie. Appelez-vous cela justice ? J'aimerais que ce juge dehors et parlez-lui d'homme à homme. Personne ne peut conclure un accord équitable devant un tribunal.

Le sentiment du client envers les tribunaux et l'avocat est un sentiment de méfiance mêlé de respect. Il dira:

"Je préférerais croire la parole d'un ami en tant que gentleman disant qu'il ferait quelque chose plutôt que de le faire mettre sous la forme d'un contrat de quarante pages rédigé par le meilleur avocat du pays. Je pourrais me fier à la parole d'un gentleman, mais si une question sur ce contrat était portée devant le tribunal, un avocat intelligent trouverait une échappatoire pour s'en sortir. » Pourtant, le monde a besoin de documents juridiques. Une spéculation intéressante serait de considérer quelle proportion des affaires commerciales mondiales est menée sur des bases qui pourraient être prouvées ou qui pourraient avoir force exécutoire devant un tribunal. La proportion des affaires traitées de manière dite légale est insignifiante.

Les innombrables transactions des magasins de détail dans une grande ville ; de tels cas de preuve qu'une paire de gants ont été vendues, livrées et non payées sont extrêmement difficiles à prouver. Les dépenses et les difficultés liées à la sous - traitance des différents départements et à la rupture de la routine du magasin empêcheraient les magasins de devenir des clients. Les énormes transactions à la Bourse de New York, où l'on estime que des affaires d'une valeur de cent millions de dollars sont effectuées en une seule journée, reposent entièrement sur l'honnêteté personnelle. Selon le tribunal, si une partie à une vente d'actions n'était pas disposée à la finaliser, il y aurait peu de possibilités de la faire exécuter. La Bourse établit donc ses propres règles et dispose de sa propre méthode de règlement des litiges. Le monde dans son ensemble n'est pas un client du tribunal. L'homme qui devient client au sens de justiciable est une exception. Les tribunaux semblent déconnectés des exigences des affaires réelles.

Les temps ont changé depuis l'époque victorienne, où un avocat était le serviteur déférent du client, l'intendant et le gardien des affaires juridiques du gentleman foncier. Alors l'avocat avait un métier qu'il portait en tête. Les recueils de lois contenaient quelques milliers, et non un million de décisions, et il n'existait aucune compagnie d'assurance titres chargée de déterminer la propriété des biens immobiliers. Pourtant, à cette époque, le conseiller juridique n'était pas un personnage très élevé, au-dessous du soldat et debout, chapeau à la main, devant le monsieur des biens, à qui il devait sa vie. Le citoyen qui voulait savoir si lui ou son propriétaire devait déneiger le trottoir, s'est rendu gravement chez un avocat et a payé des frais pour cette information. Il est évident que les avocats ne gagnent pas leur vie grâce à de petits honoraires pour donner des conseils. En effet, ceux dont le travail est plus rémunérateur que celui d'un conducteur de tramway ou d'un menuisier vivent du commerce et non de petits litiges.

Aujourd'hui, les avocats se plaignent de ce que leur profession leur échappe. Mais ils ont acquis le prestige du monde des affaires.

"Je suis un homme d'affaires, pas un avocat", déclare le vieux dirigeant du barreau, et il ne sait guère s'il est globalement satisfait ou désolé.

Leurs capacités sont utilisées pour diriger la conduite des affaires d'un point de vue juridique et pour les protéger de ceux qui sont prêts à s'en servir. Les entreprises ont besoin d'être protégées contre les autres entreprises, contre les accidents et les affaires de diffamation. Ces plaintes sont fréquemment portées devant les tribunaux. Les citoyens ont besoin d'être protégés contre les entreprises et l'obtiennent sous la forme agressive de poursuites en dommages-intérêts. Les grandes entreprises considèrent les tribunaux comme des instruments de chantage, et les petits citoyens estiment que les tribunaux ne suffisent pas à protéger leurs droits. Cela fait une grande différence de quel côté ils se trouvent. Quoi qu'il en soit, l'avocat qui réussit aujourd'hui est avant tout un homme d'affaires.

Une société est une création juridique ; une avocate en est la mère et l'infirmière. Les actionnaires ont la curieuse relation d'être associés, on n'est pas responsable de ses dettes - si ses affaires juridiques sont correctement gérées. L'entreprise engage donc un avocat rémunéré annuellement pour lui donner des conseils et cette protection juridique . Des avocats éminents sont recrutés comme partenaires des grands cabinets bancaires. Les grandes entreprises industrielles disposent des avocats les mieux payés qui s'occupent exclusivement de leurs affaires. Les compagnies d'assurance-accidents disposent d'énormes installations juridiques, aussi efficacement organisées que des usines pour le traitement des poursuites en dommages et contre lesquelles s'oppose l'avocat inexpérimenté du citoyen individuel.

De plus, la corporation, bien que composée en réalité d'individus, est moins personnelle que n'importe lequel de ses membres. C'est un client sans émotions vives, sans espoirs, peurs ou soupçons trop distrayants. Le droit est une science exigeante, ardue et complexe. L'avocat, pour faire de son mieux, doit travailler tranquillement, le moins perturbé possible par les intérêts humains en jeu. Si l'avocat a raison de préférer les entreprises clientes sans âme, c'est que l'individu ordinaire est soit trop pauvre, soit trop humain. Naturellement, les entreprises sont non seulement les clients les plus satisfaisants, mais aussi les plus désirables.

Le client, bien qu'il soit l'auteur du drame, n'est en réalité qu'un auditeur. Le client au tribunal a si peu à dire et les avocats ont tellement à dire que cela semble inexplicable. La raison en est que les avocats sont les combattants, les champions, les chevaliers du tournoi. Une bataille juridique n'est engagée que parce que les avocats sont des combattants experts. Le client qui les a embauchés n'a plus qu'à regarder. Lorsque les hommes se sont lancés dans la justice , ils n'avaient pas de défenseurs ; ils se sont battus et ont pris ce qu'ils pouvaient, mais à mesure que la civilisation avançait, les hommes devenaient trop occupés pour s'engager dans des batailles légales ou réelles et une classe spécialisée de combattants s'est développée. Les avocats sont les mercenaires à gages de la structure commerciale ; et les clients sont des hommes d'affaires ordinaires. Il est vrai que certains avocats sont des indépendants, mais la majorité a les sentiments et les normes de leur classe. Il existe un antagonisme de classe naturel entre le client et l'avocat. Le client a peur et se méfie de l'avocat ; et l'avocat estime qu'il doit agir pour un client inintelligent, ignorant et inexpérimenté. Tant que les tribunaux continueront d'exister selon leur plan actuel, la différence entre client et avocat sera marquée.

Un exemple de retour au formalisme et de développement réactionnaire a été le changement intervenu dans ce qu'on appelle le tribunal des pauvres de la ville de New York. Il était initialement prévu qu'il s'agisse d'un tribunal où le client ou l'homme non averti en droit pouvait venir intenter une action en justice de manière simple. C'étaient de simples tribunaux de justice. La limite pour laquelle il pouvait poursuivre était de 100 $, puis de 250 $, puis de 500 $, et maintenant de 1 000 $. Autrefois, les juges n'étaient pas nécessairement des avocats. Un procès était une affaire informelle. Le juge alignerait les deux parties près du rail. Un côté racontait son histoire, l'autre interrompait et avait enfin l'occasion de raconter la sienne. Le juge leur tapoterait la tête, trancherait l'affaire et leur dirait de rentrer chez eux et d'être sages.

La législature de New York a récemment adopté une loi faisant du tribunal une cour d'archives et rendant applicables toutes les dispositions du Code de procédure civile. Le code avec son demi-million de mots fait donc partie de la procédure. De sorte que le client, avant de se présenter au tribunal sans avocat, doit se familiariser avec le code. Autrefois, ces tribunaux n'étaient peut-être pas dignes. Le chaos se déchaînerait et les plaideurs commenceraient à se crier dessus et à s'insulter. Souvent, le juge était obligé d'appliquer une règle quelque peu arbitraire et paternelle. Aujourd'hui, les tribunaux sont plus dignes et plus formels, mais les clients disparaissent. Ils ont en effet peur de se présenter au tribunal sans avocat.

Tandis que la dignité et l'efficacité de la cour se sont accrues, elle a presque cessé d'être une cour pour les pauvres ; en effet , la procédure est si technique que, bien que possible, il est plutôt inhabituel qu'un homme se présente sans avocat. Bien entendu, les avocats qui gagnent leur vie en comparaissant dans de petits procès où les honoraires représentent souvent une partie contingente du petit montant récupéré, ou des frais fixes de 5 $ ou moins pour juger une affaire, ne présentent pas d'exemples de la meilleure compétence juridique. .

Le point de vue du client est qu'il répugne à dépenser de l'argent pour engager un avocat pour se défendre. Un justiciable a déclaré au tribunal, lorsqu'on lui a demandé s'il n'avait pas admis la dette : « Eh bien, a-t-il répondu, je suis juste allé voir le plaignant pour savoir si je ne pouvais pas économiser quelques dollars au lieu d'engager un avocat. » La question reste ouverte de savoir quelle marque est la meilleure pour le client, la marque de justice brute et prête ou la marque formelle et ordonnée.

Pendant l'interrogatoire du jury et lors de l'ouverture de l'audience, le client s'assoit tranquillement, mais un peu gêné, à la table des avocats. On parle de lui et on fait fréquemment référence à lui et à ce qu'il a fait. Il essaie de donner l'impression qu'il s'en fiche et qu'il est habitué à l'environnement, et lorsque commencent les témoignages et les disputes sur les objections et les motions, il passe tranquillement au second plan.

S'il s'agit d'une action criminelle, il n'est pas à la barre lors du procès du peuple. Lorsque sa version est présentée , son avocat fait de son mieux pour l'empêcher de comparaître , qu'il soit innocent ou coupable. L'expression bien connue est que l'accusé se pend en se présentant à la barre. Dans les procès civils, le client peut être une société ou le propriétaire de l'automobile ou du wagon blessé, mais pas un témoin de l'accident. Il reste silencieux à côté de son avocat s'il est sage, réalisant que son avocat peut mieux se battre sans être ennuyé. S'il est nerveux, il continue de se tirer la manche et de murmurer des conseils. Il lui est difficile de se retenir. Il y a eu des mois de préparation. Le drame est en train de se produire ; pour lui, c'est vital. Il en sait plus sur l'affaire que l'avocat. Il veut conseiller, suggérer et instruire. Pourquoi l'avocat ne pose-t-il pas au témoin cette question sur ce qu'il a dit à Smith ou sur ce qu'il a dit à sa femme ?

Le client pourrait être surpris s'il savait ce que l'avocat pensait de lui. Si on le lui demandait, l'avocat s'humidifiait les lèvres, inspirait longuement, puis faisait une pause, non par manque de réflexion cependant. Le meilleur client au tribunal pour l'avocat est le client silencieux. L'une des plus grandes calamités du point de vue de l'avocat est lorsque le client se présente à la barre des témoins et commence à se confier au juge et à lui dire exactement ce qu'il pense de toute l'affaire.

"Eh bien," a déclaré un avocat, "j'avais un dossier parfait et ensuite le juge a posé une question et a tout gâché. Je pense que c'était scandaleux, le juge n'avait pas le droit d'intervenir."

Le sentiment de l'avocat envers son client est contenu dans le souhait qu'il ne soit pas là. L'aspect juridique de l'affaire, le véritable point en litige, est probablement quelque chose de très différent de ce que le client a en tête. L'avocat a le sentiment désagréable que, aux yeux de son client, il ne rendra pas justice à son affaire.

"Comme c'est scandaleux", pense l'accusé, "que je sois poursuivi en justice alors que j'ai été trop généreux pendant des années. Et le jury devrait savoir exactement qui sont ces gens qui ont dit qu'ils annuleraient le procès si je le faisais." payez-leur cent dollars. L'avocat est conscient de ces opinions, parce qu'elles lui ont été exposées plus d'une fois ; il sait aussi qu'il ne peut pas juger l'affaire de cette manière.

Le contraste des émotions et des sentiments entre l'avocat et le client, le juge et le jury, les courants sous-jacents qui passent constamment de l'un à l'autre, constituent le drame du tribunal. Les personnages sont posés, le thème est choisi, les acteurs sont choisis, et reste à préparer la pièce.

PROGRAMMES ET PLAIDOYERS

Les plaidoiries sont les programmes du spectacle. Ils sont imprimés à l'avance et tout le monde en reçoit un exemplaire. La préparation consiste en la répétition et la menuiserie de mise en scène. N'importe quel avocat sait à quel point les plaidoiries sont importantes, mais personne d'autre ne le sait. Le juge n'y prête pas plus d'attention qu'il ne le devrait. Les jurys ne les voient presque jamais ; s'ils le faisaient, ils ne pourraient pas les comprendre. Les témoins n'en entendent jamais parler, les clients ont juré de les avoir lus et ont juré qu'ils étaient vrais. Pourtant, pas un client sur mille n'a pu donner une explication autre que : « Mon avocat m'a dit de le signer, alors je l'ai fait. »

Chaque fois que quelqu'un a hâte de comprendre une plaidoirie, il y a tellement de volumes sur le sujet et tellement de bibliothèques de décisions qu'ils meubleraient une maison. Tout cela peut paraître désinvolte, mais le sujet est si absurde, abstrus et anormal pour un homme d'affaires, qu'il est presque impossible de le faire comprendre. Une liste partielle d'autorités sur le sujet ressemble à un chapitre d'*Alice au Pays des Merveilles* : Pepper on Pleading ; Perry sur la plaidoirie ; Pollock sur la plaidoirie ; Livre sur la plaidoirie ; Puterbaugh sur la plaidoirie ; Phillips sur la plaidoirie ; Pomeroy en plaidoirie. Le nombre de décisions de justice dans lesquelles cette branche de la procédure a été traitée avec respect et gravité se lit comme une discussion métaphysique dans les âges des ténèbres. Les noms autrefois utilisés étaient superbes. Plainte, objection, aveu et évitement, traversée, réplication, plaidoyers dilatoires, plaidoyers péremptoires, réplique, réfutation et sur-réfutation.

D'un autre côté , il n'y a pas lieu de rire de l'exposé technique clair et concis d'un cas ; aucune réflexion claire n'est possible sans cela. Il est impossible de comprendre clairement de quoi parle le drame, ni quels sont les enjeux de la bataille. Les bons avocats sont de bons penseurs et parlent généralement franchement. La révolte actuelle contre les plaidoiries confuses pourrait aller à l'extrême opposé et les abolir toutes, laissant l'affaire présentée comme informe et vague. La question épineuse de la forme appropriée d'un plaidoyer peut retarder la justice jusqu'à ce qu'elle soit tranchée en appel du tribunal municipal à la Cour suprême, puis à la division d'appel, puis à la cour d'appel. Entre- temps , les clients peuvent mourir, l'argent en jeu peut être perdu, tandis que le public attend simplement que les programmes soient imprimés.

Dans Perry on *Common Law Pleading* , réimprimé en 1897, le chapitre treize est consacré aux règles qui tendent à éviter l'obscurité et la confusion dans les plaidoiries.

RÈGLE   JE.   Les plaidoiries ne doivent pas être insensibles ou
                 répugnantes.

RÈGLE   II.   Les plaidoiries ne doivent pas être ambiguës ou douteuses.

RÈGLE   III.   Les plaidoiries ne doivent pas être argumentatives.

RÈGLE   IV.   Les plaidoiries ne doivent pas être hypothétiques ou
                 subsidiaires.

RÈGLE   V.   Les plaidoiries ne doivent pas prendre la forme d'un récital,
                 mais doivent être positives.

RÈGLE   VI.   Les choses doivent être plaidées selon leur effet juridique.

RÈGLE VII.   Les plaidoiries doivent respecter les formes d'expression
                 connues contenues dans les précédents approuvés.

RÈGLE VIII.   Les plaidoiries doivent avoir leurs débuts et conclusions
                 formelles appropriées.

RÈGLE   IX.   Une plaidoirie qui est mauvaise en partie est mauvaise dans
                 son ensemble.

Ce sont des règles agréables à comprendre pour un profane, et chaque fois qu'il a un jour de congé ou des vacances, il devrait les étudier.

"Choquant", s'écrie le vieux avocat réactionnaire, "Quoi ! Supprimez les plaidoiries, autant supprimer toute l'affaire. Les plaidoiries sont comme les rails d'un train. Personne dans le train ne les voit, mais prenez les rails et le train n'iraient pas très loin. Les plaidoiries sont la base du procès.

Il s'indigne de plus en plus.

"Le problème avec les tribunaux modernes, c'est qu'ils ne savent pas de quoi ils parlent. Si cette entreprise d'assouplissement des formes de plaidoirie n'avait pas eu lieu, les avocats seraient mieux préparés lorsqu'ils se présentent au tribunal et il n'y aurait pas cette pataugeoire " Les bonnes vieilles plaidoiries de common law étaient la chose. C'était une grave erreur lorsqu'elles étaient abandonnées. Alors tout le monde savait où elles se trouvaient. S'il y avait une erreur dans la plaidoirie, alors toute l'affaire était rejetée du tribunal. C'était comme ça " devrait être. Les hommes devaient être de bons et prudents avocats à cette époque. Les méthodes bâclées de l'époque actuelle sont abominables. "

"Vous semblez être un peu dur", dit l'avocat moderne. "La justice ne doit pas dépendre des formes."

"On ne peut jamais avoir justice sans formaliser et façonner le litige", estime l'avocat.

"C'est tout à fait vrai", dit le moderne, "mais on a trop prêté attention à la forme de la justice. Les plaidoiries ne sont que de simples mécanismes comme l'impression du programme ou la pose du rail."

Cependant, c'est une question qui n'est pas abordée dans la salle d'audience lors d'un procès. Une ou deux fois, il est fait référence aux plaidoiries. Il existe peut-être un différend de ce genre. Le défendeur tente de jurer qu'il "a payé les marchandises sur-le-champ". L'autre avocat se lève et dit : « Je m'y oppose, Votre Honneur. Dans sa réponse, il ne plaide pas le paiement. Il plaide seulement un refus général. » Le juge met ses lunettes. Les avocats se rassemblent, les affaires s'arrêtent pendant que tout le monde regarde les plaidoiries.

Ou encore le plaignant tente de démontrer que lorsqu'il a été éjecté du chariot , il s'est blessé au coude droit. L'avocat objecte qu'il n'y a rien sur les blessures au coude droit dans le mémoire de détail et qu'il ne peut donc pas le prouver. Le projet de loi précise qu'il s'est blessé à la main, s'est égratigné l'avant-bras et a été blessé à l'épaule droite, mais ne dit rien sur le coude. S'ensuit une grave consultation entre les savants avocats et le juge. L'avocat du prévenu a raison, il n'y a rien dans le mémoire concernant le coude.

L'affaire ne peut continuer tant que cette question importante n'est pas réglée. Il y a des arguments des deux côtés. Le client a l'air anxieux. Le jury s'assoit et se demande ce que peut signifier cette expression de « retard de la loi ». Finalement, une idée lumineuse vient à l'esprit de l'avocat.

"Je propose de modifier, Votre Honneur, de manière à inclure le coude." L'autre côté semble choqué et dégoûté. "Quoi, proposez-vous de modifier une déclaration sous serment d'une manière aussi décontractée. La plaidoirie est une chose sérieuse. Il a été fait serment, vous ne pouvez pas modifier une déclaration sous serment de cette manière désinvolte." Le juge dit qu'il autorisera l'amendement mais que si l'autre partie est surprise , il accordera l'ajournement du procès à un autre jour. L'autre côté dit : « Pardonnez-moi un instant jusqu'à ce que je consulte mon client. » Le juge sourit. L'avocat s'approche de son client et celui-ci lui dit : "Pour l'amour de Dieu, n'ajournez pas. J'ai mis fin à mes affaires pendant une semaine pour venir ici maintenant ; c'est quoi toute cette histoire de plaidoiries ; passons à l'affaire. ". L'avocat retourne au barreau. "Nous avons décidé de continuer."

"Amendement autorisé", précise le juge. Le témoin raconte maintenant qu'il s'est blessé au coude.

La préparation d'un dossier se déroule en coulisses et avant que le drame ne commence. Les tentatives de répétition sont fragmentaires. D'abord, un témoin est vu, puis un autre, leurs histoires sont racontées, leurs déclarations sont recueillies et ils sont mis au courant de leur rôle. On leur indique les faits dont ils doivent témoigner. Dans une grande entreprise qui a un certain nombre de poursuites en dommages-intérêts, il existerait une école pour les témoins où ont lieu des répétitions générales et où on leur apprend comment se comporter au tribunal.

La plus grande farce qui se produit dans la salle d'audience est la partie de la préparation qu'implique le passage d'une affaire au procès. Le temps nécessaire pour interroger les témoins, entendre les arguments, entendre les objections n'étant pas limité, il est dit impossible de prédire combien de temps va durer un procès. Par conséquent, le calendrier ayant été appelé, les cas suivants sont traités immédiatement par les employés de bureau sans s'attendre à ce qu'ils soient immédiatement atteints.

Le grave et révérend juge regarde par-dessus son bureau et appelle le cas Bowring *contre* Bowring. "Prêt pour le plaignant", répond un garçon aux joues roses. "Prêt pour l'accusé", répond un autre. Ils ont l'air plutôt jeunes pour juger une affaire. C'est marqué comme étant prêt et les employés de bureau s'assoient autour du tribunal et téléphonent aux avocats lorsqu'ils pensent qu'il y a une chance d'être presque atteint. Cela prend souvent plusieurs jours. Entre- temps , les affaires précédant l'affaire Bowring ont traîné leur lenteur et leur lassitude sur la scène judiciaire. Des faits qui auraient dû prendre cinq minutes à être mis en évidence par le laborieux système de preuve actuel ont pris deux heures. Les arguments des avocats sur des questions de droit abstruses ont épuisé et dérouté le jury et les clients, épuisés et impatients.

Les clients et les témoins étaient peut-être assis, essayant de comprendre et devenant de plus en plus intrigués.

Les actes de la justice ouverte doivent être clairs, rapides et compréhensibles ; au lieu de cela, pour le spectateur, elle apparaît comme un jade mystérieux sans aucune compréhension de la vie quotidienne. Elle les fait attendre là sans raison. Si le dossier est marqué prêt, il devrait être prêt. L'homme d'affaires estime que la Justice tarde énormément à respecter ses rendez-vous.

Son respect naturel pour la justice abstraite l'empêche de formuler ces pensées, mais il continue de s'interroger. Ne comprenant pas la cause , il devient insatisfait et son expérience devant les tribunaux laisse un profond mépris pour le système de jurisprudence. Il pense que si quelqu'un dirigeait ses propres affaires selon la méthode et les plans selon lesquels les tribunaux sont dirigés , il serait bientôt en faillite.

"Pourquoi", dit-il, "le tribunal ne fait-il pas appel à un expert en efficacité pour ce mal de calendrier et ne le fait-il pas organiser sur une base commerciale ?"

Durant les jours où l'affaire était inscrite au calendrier, l'avocat a dû se tenir prêt à juger l'affaire. Le greffier-gérant a fait venir ses témoins. Ils ont reçu des assignations à comparaître et ont payé leurs frais pour se présenter au tribunal le jour où l'affaire a été déclarée prête pour la première fois . Ils arrivent et on leur dit de revenir le lendemain. Ils ont également du respect pour le tribunal et sont heureux de venir faire leur devoir et dire la vérité. La vérité est puissante et prévaudra ; mais au tribunal, elle ne peut parler que par l'intermédiaire de témoins. Si le témoin n'est pas traité avec considération, il semblerait qu'elle ne parlera pas très volontiers.

Au lieu de les faire revenir encore et encore, un système sera bientôt mis au point pour les avertir en temps utile lorsque l'affaire doit être examinée. Épuiser la patience des hommes qui sont les supports et les piliers de la vérité ne semble pas raisonnable, et après quelques visites au tribunal, ils ne se soucient pas de revenir. Si possible , ils échapperont au serveur de processus.

Un homme qui a été témoin de l'accident d'une femme dans un tramway, malgré ses instincts humanitaires, courra au coin de la rue de peur d'être appelé comme témoin. L'homme qui entend la nuit l'appel de "Police ! Police !" dans la rue, saute du lit et commence à s'habiller, mais se ravise pour la même raison. Si un homme se trouve dans un taxi heurté par un wagon express et que la poursuite en résultant est intentée par la compagnie de taxi pour 110 $ de dommages et intérêts, il pourrait devoir comparaître au tribunal cinq jours distincts en tant que témoin et l'affaire pourrait ne pas être appelée. Il doit quitter l'État pour éviter d'être agacé par le serveur subp [oe] na , qui le harcèle dans son club et à son domicile. Les témoins ont perdu leur temps et leur patience.

il se joue parfois d'un petit jeu de retards et d'ajournements . Supposons qu'il y ait une bonne réclamation que le défendeur nie néanmoins, sachant combien le jeu est long et fastidieux pour parvenir à une affaire, il réussit souvent pendant des années à empêcher son recouvrement. Le jeu consiste simplement à fatiguer les adversaires, les clients et les témoins. Un avocat intelligent et sans scrupules peut mettre tellement d'obstacles sur le chemin d'un plaignant que, à moins qu'il ne fasse preuve d'une certaine obstination très développée, il abandonnera par dégoût ou sera heureux de faire un compromis.

À moins que les deux parties ne souhaitent être entendues, il est pratiquement certain qu'une affaire sera ajournée deux ou trois fois. Un affidavit sous serment est présenté avec le certificat médical attestant que le client ou le témoin est malade, ou la déclaration sous serment selon laquelle un témoin ne peut être retrouvé, ou que l'avocat est engagé dans le procès d'une autre affaire. L'excuse peut être valable et les raisons peuvent être valables, mais l'ajournement de la journée pour le procès se produit encore et encore. C'est l'une des raisons pour lesquelles on se plaint du retard de la loi. Naturellement, des calendriers doivent être créés et appelés. Il faut juger des cas et en arriver à d'autres pour régler le problème, mais il faut au moins qu'il y ait une planification suffisante et intelligente de l'ordre.

Dire que personne ne peut prédire combien de temps sera consacré au procès d'une affaire semble une réponse plutôt faible. Si une méthode systématique ou scientifique de régulation du calendrier était conçue, l'un des maux serait évité.

Dans certains tribunaux, l'appel même du calendrier occupe dans une mesure déraisonnable le temps du juge qui pourrait tout aussi bien être engagé dans le véritable travail du tribunal. La valeur globale du temps du juge, des avocats, des témoins et des jurés qui ont tous attendu l'appel du calendrier est, pour une heure de retard, une somme importante. Ce gaspillage pourrait être évité grâce à un bureau intelligent pour l'administration des affaires judiciaires, qui aurait un contrôle absolu sur toutes les pratiques du calendrier.

Que le juge retarde une salle d'audience entière pleine de monde en étant en retard à l'ouverture de l'audience ne devrait pas seulement être une excuse, mais est répréhensible au point d'être multiplié par le nombre de personnes qu'il a fait attendre. D'un autre côté, la manière habituelle de procéder ayant apparemment pour but de prolonger les affaires du tribunal, fait que le retard du juge ne semble qu'un incident.

Heureusement, rares sont les avocats qui comparaissent devant le tribunal simplement pour ajouter un élément supplémentaire à la facture qu'ils présentent au client, et le véritable retard dans le traitement d'un dossier est dû davantage à la confusion des méthodes administratives ; jusqu'à ce qu'un système plus pratique soit mis au point, cela continuera. Les témoins et les clients n'hésiteront alors pas à aller au tribunal.

Le travail pénible est terminé, tous les faits fastidieux ont été rassemblés et les répétitions ont eu lieu. La pièce est écrite, les rôles sont distribués. Les déceptions et les retards ont été oubliés, les mois de préparation sont passés. Le signal de la représentation retentit enfin et l'affaire va enfin être jugée.

CHOIX DU JURY

Le greffier rappelle l'affaire, non pas cette fois pour savoir si les deux parties sont prêtes, mais pour annoncer que le procès est sur le point de commencer. Les avocats, leurs assistants des deux côtés et leurs clients s'avancent à l'intérieur du rail. Il y a une certaine agitation tandis qu'ils rangent leurs papiers, leurs portefeuilles, leurs livres de droit, leurs chapeaux et leurs manteaux, et prennent place à la table des conseillers, en face du box des jurés. Dans les cours dignes de ce pays, cette disposition plutôt inconfortable de pardessus et de chapeaux est disposée dans une pièce adjacente. Les parties en présence dans la bataille à mener se font désormais face. Les choses deviennent à la fois plus sérieuses et plus formelles. Ce qui était autrefois évitable est désormais inévitable.

Le décor reste, dans une certaine mesure, à être planté. Douze acteurs importants doivent être sélectionnés. Le jury n'a pas encore été choisi. Le jury, par souci de comparaison, prend le rôle d'un chœur grec, silencieux il est vrai, jusqu'à ce que le dernier mot soit dit. Ils constituent néanmoins une partie aussi importante et essentielle du drame que le Chœur, sans lequel, en arrière-plan, aucune tragédie ou comédie ne serait complète.

Aucun rideau ne divise la salle et l'agencement de la scène se déroule sous les yeux des spectateurs. Le choix du jury constitue une partie intéressante de la performance. Dans cette pièce préliminaire, les avocats ayant des rôles importants, leurs manières, leur allure, le ton de leur voix, leur courtoisie ou leur discourtoisie, leur repos ou leur nervosité, sont observés et inconsciemment notés par les jurés. À mesure que le jury se remplit progressivement, la moindre particularité peut avoir un effet sur l'issue de l'affaire.

Les avocats plaidants font attention à leurs actes avant même que l'affaire ne soit portée devant le tribunal. Il se peut que parmi les spectateurs qui étaient assis à côté des avocats au fond de la salle, attendant que l'affaire soit entendue, se trouvent ceux qui pourront ensuite être appelés comme jurés. Toute affectation de manière ou de pomposité est rapidement détectée.

Les avocats expérimentés, dès qu'ils sont observés par leur tribunal, entrent dans le rôle qu'ils doivent jouer au cours du procès. Un avocat peut être jovial et rayonner d'une joyeuse confiance. Un autre a un air supérieur, détaché et académique qui promet un contre-interrogatoire sarcastique. Un autre encore adopte une attitude fanfaronnade, intimidante, une sorte de virilité excessive. Chaque genre a ses avantages particuliers, selon la nature des rôles à jouer. Le plus efficace est la manière de l'avocat qui est directe, pragmatique et cohérente avec sa propre personnalité.

Comme sur la scène moderne, on assiste à un retour à la simplicité du jeu. Le naturel et le respect constant de l'actualité sont les seules règles sûres. La simplicité et le naturel, même soigneusement travaillés, s'avèrent généralement convaincants. L'objectif est d'être cohérent et de manière non élaborée.

L'avocat se souvient surtout que le jury admire le bon combattant, et c'est avec une certaine subtilité évidente qu'un avocat prospère à New York laisse son assistant porter son manteau, ses livres et ses papiers, mais lui-même porte toujours son chapeau - un derby. , d'ailleurs, pour un chapeau haut de forme, ce serait trop important. Le grand homme sait que les jurés sont conscients de l'importance de l'occasion et que leurs yeux suivront chacun de ses mouvements. Alors qu'il s'approche de la table des avocats et dépose son derby, cela pourrait bien devenir un gage de bataille.

Le greffier à côté du bureau du juge commence à faire tourner une grande roue en bois creuse ; à l'intérieur se trouvent des cartes sur chacune desquelles est écrit le nom d'un juré qui a été signifié par le shérif pour faire partie du panel pendant la durée du procès du tribunal. Le nombre de personnes convoquées est naturellement supérieur aux douze nécessaires pour une même affaire. Souvent, ceux qui doivent comparaître lors d'un procès restent sans rien faire jusqu'à ce qu'ils soient effectivement appelés à se prononcer sur une affaire, bien qu'ils reçoivent leurs honoraires de comparution. Il y a l'histoire de l'ouvrier ignorant qui purgeait sa première peine dans un panel.

"Eh bien," dit-il, "j'étais assis toute la journée à m'inquiéter de ma journée de travail perdue. Si j'avais su que je recevais deux dollars pour ne rien faire, j'aurais peut-être pris du plaisir."

Le greffier met la main dans la roue en bois après que les noms ont été bien mélangés et en tire une carte après l'autre, en appelant les noms à haute voix jusqu'à ce que douze jurés aient été appelés dans la loge.

Pour le tout nouveau spectateur, il y a une certaine mystification à propos de ce dessin du jury d'un tambour en bois avec une poignée pour tourner. Pour les initiés, cela peut paraître plutôt humoristique, comme battre les cartes de la justice, tirer un chapeau ou tourner une roue de roulette. Il s'agit cependant d'un des grands principes du droit anglo-saxon, à savoir celui d'un procès devant un tribunal d'hommes ordinaires choisis parmi les citoyens ordinaires et tirés au sort d'un cas particulier.

Au fur et à mesure que le nom de chaque juré est appelé , il se manifeste et son avocat ne perd pas sa comparution. Il prend place dans la loge, le juré appelé le premier est connu sous le nom de juré n° 1, et par ce hasard, s'il reste dans la loge, il devient ordinairement le président du jury. Dans le cas de jurys spéciaux, comme pour le Grand Jury, le président du jury est choisi par sélection. Les jurés successifs sont respectivement numérotés selon leurs sièges en commençant de droite à gauche face à eux. Il convient de noter ici que certains avocats, lorsqu'ils posent des questions aux jurés individuels, prennent soin de ne pas oublier de les appeler par leur nom, se rendant compte que personne n'aime être connu par un numéro. Au lieu de l'appeler juré n°7 ou n°9, il l'appelle M. Sullivan ou M. Schmittberger .

Les douze hommes étant dans la loge, les conseillers commencent à les examiner quant à leurs qualifications. Sur une petite planchette reliée dans le sens de la longueur par des élastiques ou enfoncée dans des rainures, sont les cartes tirées de la roue et disposées d'après le nombre des places, et contenant les noms, adresses et professions des messieurs assis dans la loge. Il existe deux moyens de révoquer un juré. L'une est une récusation motivée, *c'est-à*-dire qu'il est démontré qu'il est inapte ou a des préjugés, et l'autre est ce que l'on appelle une récusation péremptoire, ce qui revient pratiquement au même que de dire qu'un côté ou l'autre n'aime pas l'apparence de l'homme. Il y a des connotations au mot défi qui sont essentiellement dramatiques. Cela implique une bataille, un duel, un tournoi.

Il est difficile de déterminer exactement quels principes régissent la réussite de l'examen et la sélection d'un jury. Dans le Massachusetts et dans certaines affaires importantes à New York, l'ensemble des jurés convoqués pour le mandat du tribunal ont fait l'objet d'une enquête par des détectives afin que l'avocat puisse avoir des informations sur qui devait être rejeté ou accepté comme juré pour trancher l'affaire. . L'opportunité de procéder ainsi peut être remise en question et le cas ordinaire ne pourrait pas supporter une telle dépense.

Il existe néanmoins une bonne raison pour obtenir de telles informations . Étant donné la condition d'un homme dans la vie, ses habitudes, sa profession, son église, ses associations, sa politique, et étant donné d'autre part un certain état de faits, il est presque possible de déterminer comment il va décider de ces faits. Si un homme a toujours payé un loyer et a probablement eu des problèmes continus avec son propriétaire au sujet des réparations et un sentiment de ressentiment face à la répétition régulière des jours de loyer, n'est-il pas naturel qu'il ait quelque préjugé contre un propriétaire dans un litige entre propriétaire et locataire ? ou bien, d'un autre côté, un homme qui est l'un des malheureux propriétaires de biens immobiliers et qui, après avoir payé les impôts, les intérêts, les assurances, les réparations pour l'enlèvement des violations de l'immeuble et avec de fréquentes vacances, peut-il vraiment être absolument juste ? Si un juré est juif, catholique ou baptiste, il aura probablement une sympathie innée pour son coreligionnaire. La loi ne reconnaît cela que si le juré est suffisamment honnête pour avouer un préjugé. La solidité du système de jury anglo-saxon repose sur la théorie selon laquelle il n'y a pas un seul juré mais qu'il y en a douze et que parmi douze il y aura une moyenne entre le propriétaire et le payeur de loyer, entre le baptiste et le catholique.

L'avocat choisit habituellement le jury en s'appuyant uniquement sur l'observation et le bon sens. La question habituelle demandait aux jurés si, compte tenu de tel ou tel état des faits, « pensez-vous pouvoir rendre un verdict juste et impartial ? est manifestement absurde pour le juré. Tout homme se croit parfaitement honnête et juste. Il faut un fort caractère pour dire : « Je ne peux pas être juste ». En fait, un tel homme devrait rester dans le jury plutôt que d'être laissé partir. Comme l'a dit un jour un juré à un avocat après le procès : "Pourquoi m'avez-vous excusé lorsque j'ai dit que je connaissais l'autre avocat ? Vous avez gaspillé votre défi ; il ne m'aurait pas laissé rester. Je le connaissais trop bien."

La portée de l'examen de l'aptitude des jurés est laissée à la discrétion du tribunal. Les deux extrêmes sont représentés par les méthodes utilisées par les tribunaux anglais, où le juge exerce une surveillance étroite sur chaque question lors de la sélection du jury, d'une manière qui serait considérée en Amérique comme arbitraire et injustifiable, et par l'extrême libéralité des procès criminels dans ce pays. . La différence de temps se situe souvent entre quelques minutes et quelques semaines.

Naturellement, la récusation motivée peut ou non être autorisée par le juge — la forme étant : « Votre Honneur, je vous demande d'excuser M. Smith » — parce que les avocats sont plus prudents lorsqu'ils les tentent ; car s'ils ne sont pas autorisés, le juré récusé peut être assez mesquin pour garder rancune contre l' avocat. Les contestations sûres sont les contestations péremptoires sans aucune cause ni raison invoquée. Le nombre de récusations péremptoires pour chaque camp est généralement de six. Dès qu'un juré est récusé , il sort de la boîte et le greffier tire un nouveau nom de la roue.

C'est un peu comme si un joueur recevait une main de douze cartes, et selon les règles du jeu, chaque camp peut se défausser et tirer six fois du paquet six cartes simples pour améliorer sa possession. Cependant, la main n'est pas seulement la sienne mais celle de son adversaire, qui peut également défausser et piocher six cartes lorsque le premier joueur est satisfait. Lorsque le deuxième joueur a terminé, le premier peut à nouveau défausser n'importe laquelle des nouvelles cartes que le second a remplacées, à condition, bien entendu, que les six tirages n'aient pas été épuisés. Ce jeu de hasard est toujours joué dans le but de créer une impression favorable auprès du jury et peut être poliment poussé à l'extrême.

« M. Merriweather, connaissez-vous l'accusé dans cette affaire, M. Jacobs, ou son avocat, M. Jenkins, ou son assistant, M.… euh… le jeune homme à sa gauche ? est la forme habituelle, livrée avec la plus grande urbanité. Cela signifie très peu, mais aide peut-être l'avocat à identifier un juré antagoniste et à obtenir ses réponses, qui sont presque uniformément négatives. Il est évidemment souhaitable que le juré, en tant que juge, ne soit pas l'ami de la partie adverse. De la manière dont l'homme dans la boîte répond, on peut éventuellement déduire son état d'esprit général, et toutes les autres questions ont ce but en vue. Ainsi, l'avocat du plaignant passe en revue les douze éléments qui lui sont présentés et il peut dire à tout moment : « Votre Honneur, j'excuse le juré numéro un tel ou un tel. »

Habituellement , il examine les douze au complet avant d'« excuser » l'un d'entre eux, et ce faisant, de nombreux avocats se tournent de la loge vers le juge en disant : « J'excuserai les numéros quatre, cinq et onze ». Souvent, ceux qui restent ne réalisent pas pourquoi leurs frères ont été renvoyés. Un léger désarroi peut apparaître sur les visages de tous, tandis qu'un homme, ici et là, sous le signe du doigt du greffier, se lève pour céder sa place.

Les avis diffèrent quant à la mesure dans laquelle les contestations devraient être exercées. Certains avocats plaidants hésitent à les utiliser, soucieux de paraître francs, confiants et disposés à accepter le jugement de tout citoyen honnête. D'autres insistent méticuleusement et épuisent tous leurs défis. La première attitude est celle de dire :

"J'ai un cas si beau, si honnête et juste, qu'il est impossible qu'un homme impartial puisse se prononcer contre moi. Par conséquent, je n'insisterai pas sur ces points mineurs d'intérêt ou de préjugés. Vous êtes tous ouverts d'esprit. Je le laisse à n'importe qui." La deuxième attitude a été expliquée par un avocat qui mettait toujours la main sur son menton, regardait le jury profondément et interrogativement et disait d'une voix importante :

"Je défie les jurés numéros 6, 8, 9 et 11, ou 4, 5 et 12." Lorsqu'on lui a demandé en privé sur quelle théorie il avait procédé dans sa sélection sérieuse qui semblait impliquer une perspicacité si merveilleuse, il n'a avoué aucune théorie, sauf la théorie clairement humaine selon laquelle il croyait qu'il fallait relever tous ses défis simplement parce que cela faisait que les autres jurés, qui restés dans la boîte, se sentent mieux et plus sélectionnés. Mais l'objectif principal de la sélection est d'assurer un jury juste et intelligent.

Il n'est pas rare que l'un ou l'autre camp souhaite réellement se débarrasser des meilleurs hommes et soit prêt à prendre le risque que cela ne se voie pas. Dans une affaire immobilière, l'avocat du demandeur, n'ayant pas de dossier solide, a réussi à éliminer tous les hommes qui avaient déjà été propriétaires ou qui avaient eu la moindre expérience dans le domaine des maisons ou des propriétés. C'était un aveu audacieux selon lequel personne ayant compris l'affaire ne déciderait à sa place. Dans les cas d'accidents ferroviaires, le demandeur, qui réclame des dommages-intérêts contre la compagnie, excusera souvent, autant qu'il le peut, tout juré qui paraît aisé ou homme de propriété.

Un éminent avocat new-yorkais, lorsqu'il était jeune, avait défendu une affaire intentée contre une entreprise. Le plaignant et ses avocats étaient juifs, et le jury, lorsqu'il fut initialement rempli, était composé de sept douzièmes en hébreu. L'avocat du plaignant a immédiatement excusé les cinq Gentils et lorsque l'avocat de la société s'est levé, aucun homme dans le box des jurés n'était de sa propre race. Il les a acceptés. Le procès s'est poursuivi et il est apparu que la demande du plaignant était vraiment très faible. Finalement, l'avocat du prévenu dut résumer et il conclut ainsi :

"Messieurs du jury : Le plaignant espère gagner ce procès non pas sur la base de la loi, ni sur ses preuves, ni sur aucune considération de justice. Il espère réussir du simple fait qu'il est juif, son avocat est juif. , et vous êtes tous juifs. » Avec une expression de foi dans le sens de la justice inhérent à la race juive et de confiance dans le verdict, l'avocat de l'accusé s'est assis. Le jury a tranché en sa faveur.

Une telle audace, lorsqu'elle réussit, est souvent récompensée, mais elle est bien sûr intrinsèquement dangereuse.

habiles réussiront à s'attirer les bonnes grâces dès le début, mais ils ne s'efforceront de le faire qu'avec l'ensemble du jury. Rien n'est plus malheureux que d'accorder de l'attention à tel ou tel juré : c'est flirter avec un juré. S'il n'a pas encore prêté serment avec les autres et que l'adversaire le voit, il se débarrassera certainement de lui. S'il restait, il serait très probablement considéré avec suspicion par ses associés choisis. Si l'avocat pense qu'un homme dans la boîte est favorablement disposé à son égard, il le laisse sagement tranquille et, espérant que l'autre partie ne s'en apercevra pas, se consacre d'autant plus sérieusement aux autres.

Le jury est enfin sélectionné. Les défis ont été épuisés. Les deux avocats semblent ravis. Le juge est informé que le jury est satisfaisant, ce qui est bien entendu un euphémisme. Aucun jury n'est jamais entièrement satisfaisant pour les deux parties, mais c'est une manière polie de dire que c'est le mieux qu'ils puissent obtenir dans les circonstances. Le juge arrête d'essayer d'équilibrer son chéquier et lève les yeux vers le jury. Le préposé leur fait signe de se lever. Ils lèvent la main. Le juge se lève également.

« Messieurs, dit-il, jurez-vous tous solennellement de juger bel et bien le cas de John Smith contre Thomas Gregory et de rendre un verdict juste selon les preuves ? Alors, que Dieu vous aide . Ils ne répondent pas, mais ils s'assoient.

OUVERTURE DU BOÎTIER

Le jury est choisi, assermenté et siège dans le box des jurés. Le juge commence à déplier les pièces du dossier afin de pouvoir lire les plaidoiries. Le procès proprement dit est sur le point de commencer. Le greffier a pris les chapeaux et les manteaux des jurés, un autre préposé a conduit les spectateurs à leurs sièges et a réprimé le plus poliment possible le jeune greffier qui ne voit pas pourquoi il ne pourrait pas s'approcher du juge et lui demander ce qu'est devenu le cas de Jones contre Allen qui était au calendrier jeudi dernier et aurait dû l'être aujourd'hui, ou demandez si "Son Honneur a décidé de cette motion dans le cas de Meyer contre Cohen". Les portes du prétoire sont fermées. Les préposés partent à la recherche des chuchoteurs et disent : « Cessez toute conversation. » La cliente est interrompue en disant à son avocat qu'elle pense que le juge a un visage gentil, mais qu'elle n'aime pas l'apparence de l'homme en uniforme qui se tient à côté de lui, ou vice versa. Peu à peu, la salle d'audience se calme et un esprit d'attente prévaut.

Mais l'enregistrement des preuves et l'audition des témoignages n'ont pas encore eu lieu. Vient maintenant ce qu'on appelle l'ouverture. Ainsi dans le tournoi, les chevaliers en armure entraient au son des trompettes, leurs noms et titres ayant été appelés, et il était d'usage qu'ils faisaient une ou deux fois le tour de la lice pour laisser voir aux juges leurs armures, leurs armes, leurs montures. , leurs attributs et accessoires, ou ils pourraient même essayer une ou deux inclinaisons l'un contre l'autre. Le discours introductif de l'avocat ressemble en quelque sorte à un défilé ou à une escarmouche préliminaire. On peut aussi le comparer au prologue prononcé avant le début d'un drame. Le discours d'une brièveté éclatante, si courant dans la terminologie juridique, s'appelle l'ouverture.

Le but est de montrer au juge et au jury de quoi parle le drame. L'objectif secondaire est de susciter l'intérêt. Immédiatement après l'ouverture arrivent les preuves, qui sont généralement simples, fragmentaires et déconnectées. Il pourrait être impossible pour le jury de comprendre la relation entre un élément de témoignage et un autre. Prenons un cas simple, comme une poursuite pour non-paiement d'une facture dans un magasin de marchandises sèches. Un témoin témoigne de la vente, un autre de l'emballage de la marchandise, un autre de la livraison ; un récépissé est présenté comme preuve. Chacun ne raconterait pas une histoire connectée. Le début expose les faits et rend les preuves compréhensibles. Il a également la fonction d'apéritif. Cela peut sembler un peu inutile. Mais prenons une illustration. Une affaire entière peut dépendre d'un acte. Si le document lui-même était présenté et lu au jury sans explication, ils s'ennuieraient. Un témoin doit raconter telle partie de l'histoire, un autre celle-là, et le maillon manquant de la chaîne peut être fourni par l'acte. Le jury ne doit pas être intrigué avant que son intérêt ne soit éveillé. La vie, la propriété ou la réputation de certains hommes ne sont-elles pas en jeu ? L' homme ordinaire et plus encore le juré moyen ont un sens des responsabilités bien trop fort pour s'ennuyer s'il comprend vraiment de quoi il s'agit. La fonction de l'ouverture est de lui dire.

Alors que l'avocat commence à ouvrir, chaque juré se penche en avant et l'observe attentivement. Ils se sentent responsables en tant qu'officiers de justice et rares sont ceux qui se plaignent de leur endormissement pendant le procès. Les jurés ont appris à connaître les noms des avocats adverses et les visages des clients, s'ils ont été signalés lors de l'interrogatoire des jurés, mais rien de plus. Le jury entendra-t-il une histoire de ressentiment amer ou de passion et de crime, ou une calme demande de paiement d'une dette ? L'ouverture le montrera.

Le demandeur a-t-il, au cours des années d'efforts , créé une entreprise et pris le défendeur comme associé pour ensuite être escroqué par celui-ci ? L'avocat du plaignant indiquera brièvement, mais de manière impressionnante, les années d'efforts, avant d'esquisser la manière dont le défendeur lui a volé, par fraude, les fruits de son travail. Lorsque le demandeur témoigne ensuite qu'en 1890 il a ouvert un petit magasin dans la Quatorzième Rue, qu'il a déménagé en 1896 dans la Vingt-troisième Rue et de là en 1916 dans une rue du centre-ville à côté de l'Avenue, les dates s'inscriront dans l'esprit des jurés et ils se rendront compte de vingt-six années d'efforts acharnés. Aucune éloquence ne pouvait alors rivaliser avec l'effet du récit lent et nu du témoin sur ses progrès. Pourtant, sans le prologue de l'avocat, quoi de plus ennuyeux que de nommer des numéros de rue et des dates ?

La matière du témoignage peut être intéressante, mais à moins que le témoin ait un rare don d'expression et un sens du pittoresque, la manière dont il sera rendu peut être terne et simple. Mais à ce stade, le petit avocat au visage vif de l'autre côté sursaute et l'interrompt : « Je m'y oppose, Votre Honneur ; quelle différence cela fait-il là où il vivait en 1890, que ce soit sur la Cinquième Avenue ou à Mulberry Bend ? c'est pour cela qu'il poursuit en justice maintenant." Et le tribunal tranchera probablement avec lui et limitera le plaignant à des faits plus pertinents.

Certaines des réponses importantes peuvent être oui ou non. Le conseil, en pareil cas, fournit la couleur et donne une apparence de vie à ce qui est effectivement assez vivant, mais qui seul paraîtrait sec. Même si un personnage de fiction aussi célèbre que "Becky Sharp" se présentait au tribunal et ne regardait que son rôle avec quel intense intérêt ne nous attacherions-nous pas à son témoignage, même s'il ne consistait en rien de plus que "Oui, je l'ai fait" ; "Je ne l'ai jamais vu auparavant." Nous devrions être fascinés par cette simple déclaration parce que Thackeray nous avait énormément intéressés par cette dame. L'air serait électrisé par la force de sa personnalité. Cependant, sans une introduction préalable, nous pourrions manquer de discernement au point de la trouver, par son apparence et sa voix, pas plus inhabituelle que le témoin moyen qui se présente à la barre.

Thackeray n'a pas seulement créé Becky Sharp ; il a également créé notre intérêt pour elle. De même, l'avocat peut susciter un intérêt chez ses témoins, dont certains peuvent être personnellement tout aussi extraordinaires que n'importe quel personnage de roman. Si un témoin est réellement banal, il est d'autant plus nécessaire de le rendre humainement vivant ; s'il est si incolore qu'on ne puisse rien faire de lui personnellement, il peut acquérir de l'intérêt par la classe à laquelle il appartient, car les classes ont une couleur personnelle plus profonde que celle de l'individu presque incolore.

Pour amener le jury à visualiser l'histoire et les personnages, le don littéraire le plus élevé peut être mis en jeu. L'avocat est limité quant au temps et à la description qu'il peut employer. Il a pourtant sa voix et son expression : des outils d'acteur. Mais là encore, la règle de la simplicité et du naturel devrait s'appliquer.

Le discours d'ouverture est un prologue et ne discute pas. L'avocat ne sera pas autorisé à plaider sa cause dès l'ouverture, car son adversaire s'y opposera et la Cour dira souvent, en guise d'avertissement : « Conseiller, vous résumez. » Cette limitation, cependant, est en réalité un avantage, non seulement parce qu'elle s'applique aux deux parties, mais parce qu'aucun avocat doté d'un sens des valeurs dramatiques ne saurait anticiper son *dénouement* . L'argumentation peut être effrayante à moins que la décision recherchée ne puisse être discernée, même vaguement, sans elle. Et comment le jury doit-il formuler sa décision avant que les preuves n'aient été présentées ? Le jury devrait s'intéresser à Mlle Becky Sharp et être prêt à comprendre son témoignage, mais, avant d'avoir entendu son histoire par des témoins qui la connaissent, il ne sera pas favorablement impressionné par les affirmations selon lesquelles elle a été lésée ou mal traitée.

Il y a généralement de l'indulgence en ce qui concerne la durée de l'ouverture, car il est bien reconnu que peu de témoins peuvent raconter une histoire cohérente, ou bien la raconter . De la vieille histoire française de l'avocat qui a commencé *avant la création du monde* , et du juge qui lui a demandé de transmettre *le déluge* , jusqu'à la méthode moderne habituelle consistant à harceler l'avocat pour qu'il ne expose que le squelette de l'action, il existe diverses degrés d'éloquence, variant naturellement selon l'importance de l'affaire.

Le prologue peut être une chose merveilleuse dans sa retenue et sa vivacité pittoresque, et, surtout, dans sa clarté. Des relations commerciales confuses peuvent être décrites de manière à ce que des sommes, des chiffres et des dates importants soient mémorisés et reconnus lorsqu'ils réapparaissent dans les preuves. L'avocat, pour l'heure, occupe le centre de la scène ; son parcours est entre ses mains, il peut le faire ou le gâcher. Il arrive à la fin de son discours, s'incline et le premier témoin est appelé.

Avant le début du témoignage, le juge regarde l'avocat de l'accusé et lui demande s'il souhaite présenter sa défense. Il existe une pratique différente à cet égard selon les tribunaux. Certains insistent sur le fait que le défendeur doit dire immédiatement quelle est sa position, d'autres qu'il doit attendre que le plaignant ait terminé toutes ses preuves et se soit reposé ; puis, au début de la plaidoirie de l'accusé, l'avocat de l'accusé ouvre et fait son introduction.

La différence entre ces deux manières de procéder est si essentielle qu'elle peut s'expliquer. D'une part, l'avocat estime qu'il ne devrait pas être obligé de révéler ce qu'il va faire, comment il compte répondre à l'attaque, s'il va tendre une embuscade et tirer sur le plaignant à son arrivée ou s'il se retranchera derrière un rempart. et rencontrez-le avec toute la force de sa batterie de preuves. Il envisage peut-être de faire une sortie soudaine après que le plaignant ait tiré ses flèches et épuisé toutes ses munitions. L'avocat estime que s'il expose son plan de campagne , il perd l'avantage du poste de général.

Supposons un cas simple : le demandeur intente une action en justice pour un compte long pour une facture de marchandises dont la preuve prendra beaucoup de temps. Le défendeur dispose d'un reçu complet attestant le paiement. Selon la théorie selon laquelle le défendeur n'a pas besoin de divulguer sa preuve lors de l'ouverture, il peut rester tranquille avec le reçu dans sa manche, laisser le demandeur ouvrir et appeler son témoin, la preuve peut se traîner avec les requêtes et objections habituelles, et après le demandeur repose le défendeur s'ouvre au jury.

"Messieurs", dit-il, "il s'agit d'un cas simple. Le demandeur prétend qu'il a vendu les marchandises et que le défendeur ne les a pas payées. Je propose de vous montrer que le demandeur ne disait pas la vérité. Je lui ai fait prouver qu'il a vendu tous les articles de la facture parce que je voulais vous montrer à quel point il mentait. Mon client, le défendeur, a non seulement payé les marchandises, mais je peux montrer le reçu entièrement signé par le demandeur.

Pour le profane, c'est absurde. L'accusé aurait dû montrer le reçu en premier lieu et toute la perte de temps du procès aurait été épargnée. "Non", répond l'avocat technique, "si j'avais divulgué mon témoignage auparavant, le plaignant aurait structuré son témoignage pour répondre à la situation". La vision moderne est différente. En France, par exemple, aucun document ne peut être présenté comme preuve lors d'un procès à moins qu'il n'ait été présenté au préalable à l'avocat de la partie adverse et que chacun ait eu la possibilité de l'examiner. En effet, cette exposition de documents originaux se déroule d'une manière si ouverte et honnête qu'il est d'usage d'envoyer tous les documents originaux à l'autre partie sans même prendre de récépissé ni en conserver une copie et dans toute l'histoire du barreau français la perte d'un tel papier n'a jamais été connu.

Il semble plus pratique et plus sensé que les avocats du défendeur soient tenus d'exposer la nature et de détailler les faits de sa défense. C'est la différence entre l'ancienne idée du procès et la nouvelle. La première était une bataille d'imitation, la nouvelle idée n'est pas tant une lutte qu'une enquête sur les faits. Si le demandeur souhaite respecter le récépissé, il peut faire une contre-attaque ou une explication dans la réfutation et expliquer comment il en est arrivé à signer le récépissé dans son intégralité. Le juge et le jury estiment que l' élément essentiel du procès est d'arriver aux faits et que la planification et les méthodes d'accusation et de contre-accusation ne sont pas si importantes. L'ancienne conception du procès comme bataille est en train de disparaître.

L'ouverture par le défendeur au début, immédiatement après que le demandeur a terminé son introduction et avant qu'un témoin ne soit appelé, rend le procès plus simple pour l'esprit des jurés qui doivent trancher les faits. Les plaidoiries sont censées définir et énoncer les questions en litige, mais comme elles sont généralement techniques , elles ne sont plus suffisamment souples. Le défendeur, par sa réponse, nie simplement les faits énoncés dans la plainte du demandeur aux paragraphes numérotés six, huit et dix. L'accusé, lors de son introduction, devrait être obligé de faire comprendre clairement au jury ce qu'il a l'intention de démontrer. Il devrait adopter la position d'un simple homme d'affaires qui dit : Ces gens insensés s'imaginent avoir un droit contre moi. Ils n'ont rien de tel.

Le demandeur dit qu'il a compris que le contrat était tel ou tel et qu'en partant de cette hypothèse, les deux parties ont fait certaines choses et connaissent le défendeur avec de mauvaises intentions et oubliant à tort l'obligation qu'il a de tenir parole, refuse de respecter son accord, par conséquent, "Messieurs, nous avons été contraints de venir au tribunal et d'intenter cette action et nous vous montrerons, messieurs, des faits à partir desquels vous devrez trouver un verdict en notre faveur." Le prévenu se lève alors et dit :

"Messieurs, nous allons montrer une lettre qui contredit tout cela." L'oratoire a peu de place dans l'ouverture du prévenu.

Le juge s'est efforcé, au cours des deux audiences d'ouverture, de limiter les deux avocats aux faits qu'il estime pouvoir être prouvés et de ne pas s'éloigner trop. Aussi vite qu'ils ont terminé , il dit : « Appelez votre premier témoin », et avec appréhension, le témoin vient à la barre.

LE TÉMOIN CONFUS

Toute la question concernant les témoins est de savoir s'ils doivent être autorisés à dire ce qu'ils veulent ou ce que veulent les avocats. Comme ils sont tous deux présents dans la salle d'audience, ils doivent respecter les règles du tribunal. C'est là le problème : les règles sont contre le témoin.

Lorsque le témoin entre à la barre pour la première fois, le greffier lui demande de lever la main droite. Elle le fait et essaie de s'asseoir dans le fauteuil des témoins pour se sentir un peu plus à l'aise. "Levez-vous", dit l'officier. Le juge la regarde d'un air inquisitoire par-dessus ses lunettes. Elle essaie de sourire et reprend pied. "Levez la main", dit le juge. La coutume délicieuse et hygiénique d'embrasser la Bible a été supprimée. Même l'habitude de poser la main sur le Livre disparaît et, dans de nombreux tribunaux, il est difficile de trouver une Bible.

La dame, dans la confusion d'apparaître sur scène pour la première fois et de se tenir sur une estrade surélevée devant un public, lève la main gauche. Le greffier lui saute dessus. Le juge a déjà assisté à plusieurs reprises au même spectacle et remarque à peine les *contretemps*. À ce moment -là, elle est confuse et énervée et après avoir entendu quelque chose murmuré sur la vérité, toute la vérité et rien que la vérité, elle s'affale dans le fauteuil et commence dans un état d'esprit très inconfortable l'épreuve du témoignage.

Ce qu'elle veut dire, ce qu'elle devrait dire, ce qu'on lui a dit de dire, tout a disparu. Le jury et le juge comprennent et éprouvent de la sympathie mais le règlement du tribunal ne leur permet pas d'être polis, de lui demander de prendre une chaise plus confortable, de prendre du thé, de savoir si les enfants ont eu des séquelles de la rougeole, ou d'enlever son chapeau et de rester un moment. Elle sait qu'elle doit rester et qu'elle ne va pas en profiter.

Elle est le témoin important qui se trouvait dans la voiture au moment où celle-ci a percuté le chariot d'épicerie. Elle est honnête, d'intelligence moyenne et veut dire la vérité. On lui demande :

« Au moment de l'accident, où étiez-vous ? Elle dit qu'elle était dans la voiture pour aller voir sa fille mariée dont les enfants avaient la rougeole et qu'elle était pressée. L'avocat propose de supprimer la dernière partie de la réponse. Le fait qu'elle allait voir sa fille, que les enfants avaient la rougeole et qu'elle était pressée n'est pas pertinent et n'a rien à voir avec l'affaire. Le seul fait pertinent est qu'elle était dans la voiture du centre-ville.

Elle était assise quatre sièges devant et pensait que la voiture roulait très lentement et que les enfants dormiraient avant son arrivée. Peu importe qu'elle pensait à ses petits-enfants ou à la rougeole, ou qu'elle pensait à la voiture qui roulait lentement. La vraie question est de savoir à quelle vitesse la voiture roulait.

La raison de la règle de la preuve est que le tribunal veut toujours savoir non pas ce qu'elle a pensé, mais ce qu'elle a réellement vu. Elle ne sera pas autorisée à dire ce qu'elle a pensé ou ce qu'elle a dit à sa fille après l'accident. La fille ne peut pas être appelée à la barre pour témoigner de ce que sa mère lui a raconté, lorsqu'elle est arrivée chez elle, sur ce qui s'est passé. Les récits de journaux sur l'accident ne peuvent pas être admis comme preuve, ni ce que les policiers ont rapporté sur l'accident, car il est arrivé après. Le droit anglo-saxon limite la preuve à ce qui a été réellement perçu par les cinq sens. Le tribunal se fait sa propre opinion à partir de ces perceptions et des faits eux-mêmes. Il ne veut pas entendre ce que pense quelqu'un, ni ce que croit ou conclut le témoin, mais seulement ce qu'il a perçu.

Il y a beaucoup à dire pour et contre cette règle des deux côtés. Pour l'avocat, une méthode plus large semble scandaleusement vague et bâclée. Pour le spectateur, les règles de preuve semblent une farce inhumaine. La première permet de créer une atmosphère à partir de laquelle toute la vérité peut être atteinte. Une personne ordinaire, si elle voulait en savoir plus sur l'accident, ne lirait-elle pas les journaux, prendrait connaissance des rapports de police, ne demanderait-elle pas ce qu'un témoin a pensé, ce que ce témoin a dit à quelqu'un d'autre à propos de l'accident par la suite ? N'est-elle pas en train de rendre compte à quelqu'un de l'accident ?

Les psychologues conviennent que personne ne peut raconter avec précision ses perceptions et ce qui se passe sous ses yeux. De plus, les tests effectués sur les diplômés des écoles et des collèges concernant leurs capacités d'observation ont montré la faillibilité de la perception humaine. L'incapacité de percevoir, plus l'incapacité de se souvenir, plus l'insuffisance du langage, rendent tout témoignage insatisfaisant. Les gens peu instruits sont encore moins capables de voir ou d'expliquer. Le seul moyen sûr est d'obtenir une photographie composite de l'esprit du témoin et des pensées qui découlent de la perception originale, continuation des impressions.

Les juges ou les jurys ne tranchent jamais les affaires en décidant d'abord quel témoin dit la vérité ou du moins la vérité exacte. Ils tiennent pour acquis que les deux parties mentent quelque peu ; que peu importe leurs intentions et leurs efforts, tous les témoins sont incapables de dire la vérité exacte. Le malheur de la loi est que cela n'est pas officiellement reconnu. Il y a une hypocrisie à ne pas reconnaître l'incapacité des yeux et des oreilles humains à saisir même des faits concrets simples. Il existe une timidité qui ne permet pas d'admettre l'imperfection humaine.

La preuve en est que lorsque trois témoins se présentent à la barre et décrivent une chose comme s'étant produite de la même manière, il y a immédiatement un fort doute dans l'esprit du jury sur toute l'affaire. Supposons que la question de l'heure à laquelle un crime a été commis se pose et que la défense tente de prouver un alibi en montrant que l'accusé se trouvait dans un saloon à ce moment-là. Il se peut qu'il y ait eu trois témoins qui l'ont réellement vu en même temps. Un témoin vient à la barre et dit 15 h 10, le témoin suivant dit qu'il l'a vu à 15 h 10 et le troisième dit la même chose. Le jury conclut que l'histoire a été inventée.

Supposons cependant que le premier témoin dise l'avoir vu quelque temps après le déjeuner, et le deuxième qu'il se souvienne avoir vu l'accusé au saloon à un moment donné ce jour-là, mais il ne sait pas si c'était le matin ou l'après-midi, et le troisième témoin dit que qu'il l'a vu dans la semaine, mais qu'il ne se souvient pas du jour, qu'il soit un jeudi ou un vendredi, il est probable que l'accusé aura bien plus de chances de faire valoir son alibi.

La dame dans la voiture ne se souvenait pas de l'heure de la journée, sauf qu'elle était proche de l'heure du coucher des enfants. Elle avait entendu le bruit et vu le chariot s'engager sur la voie ferrée. Malgré de nombreuses objections, elle arrive finalement au point de l'accident.

"Avez-vous vu la voiture heurter le chariot ?" "Je m'oppose à ce que cela soit révélateur", dit l'autre avocat. "C'est leader et suggestif." Techniquement, il a peut-être raison, mais si le juge fait preuve de bon sens , il rejette l'objection.

La bonne question serait : « Que s'est-il passé ensuite ? Le témoin, cependant, pourrait se souvenir du sac en papier contenant des oranges qu'elle transportait à ses petits-enfants et, au lieu de raconter l'accident, commencer à décrire comment elle les avait laissés tomber par terre. Des questions suggestives sont nécessaires dans presque tous les cas. La raison pour laquelle ils sont répréhensibles et exclus est que le juge et le jury ne doivent pas entendre le récit des faits par l'avocat, mais ce dont le témoin se souvient réellement.

Un témoin à la barre apparaît au plus mal. Si quelqu'un de la vie réelle était soudainement projeté sur une scène, sans préparation et sans connaissance de l'art théâtral, l'incongruité de la situation serait épouvantable. Pourtant le témoin est projeté dans un environnement nouveau et étrange. C'est une partie de la réalité de la vie montrée de manière vivante sur un fond conventionnel. Le juge et le jury le comprennent vaguement. L'avocat qui produit le témoin le ressent et suscite le témoignage de manière apaisante.

Les objets du contre-interrogatoire sont les suivants. La première est de prouver que l'histoire du témoin n'est pas vraie, et la seconde est de faire ressortir quelque chose de nouveau. L'avocat de la partie adverse oublie souvent le but de son contre-interrogatoire et, en tentant d'intimider et d'effrayer le témoin, généralement soit par le sarcasme, soit par une attitude sceptique, il n'obtient que très peu de résultats. Pas un contre-interrogatoire sur cinq cents ne sert à rien. Le juge en a entendu beaucoup et il a peu d'espoir que celles-ci suscitent beaucoup d'intérêt. Les jurés tiennent tellement compte de l'effroi du témoin à la barre et du fait qu'elle se trouve entre les mains d'un avocat avisé qu'ils ne sont pas très impressionnés, même si elle se contredit ou se trompe. Au mieux, ce n'est qu'une erreur et non un mensonge délibéré. L'avocat estime qu'il a une obligation morale envers son client et envers lui-même de contre-interroger. Il est obligé de continuer. Il existe une vieille tradition juridique selon laquelle un procès sans contre-interrogatoire n'est pas un procès en bonne et due forme. C'est un fétichisme juridique et cela fait partie des choses qui se font. Le juge l'attend, le jury l'attend, le client l'attend et le public l'attend.

Le client paie son argent et il ne doit pas être déçu. S'il était complètement omis, le juge et le jury ne ressentiraient peut-être pas cette perte aussi amèrement. Peut-être préféreraient-ils cette solution et la question qui se pose à l'avocat est de savoir s'il vaut mieux satisfaire le client ou le jury. Dans ce dilemme, l'avocat peut oublier que l'essentiel est de gagner la bataille. Lorsque l'affaire est perdue, le client ne se soucie pas du tout de l'éclat de l'avocat, de son comportement ou de son combat.

Si l'avocat raisonne, il dira :

« Si le but de mon contre-interrogatoire est de démontrer que le témoin ne dit pas la vérité, ai-je beaucoup de chances de lui faire avouer le fait ? Le témoin sait quelque chose sur le parjure. Il a peur et il a entendu parler des pièges du contre-interrogatoire. L'avocat se souvient-il de son propre fils plein d'espoir et comment, hier encore, il n'a pas réussi à lui faire admettre avoir volé le gâteau, même dans la perspective d'une punition immédiate ? Seul ce petit bord de chocolat autour des oreilles en était la preuve. Même le petit enfant sourd, qui n'est pas aussi intelligent que le témoin, n'admettra pas qu'il a menti. Mais il continue son contre-interrogatoire.

Si on montre enfin au témoin un papier qu'il a signé lorsque l'enquêteur du chemin de fer est venu le voir et dans lequel elle dit qu'elle était assise au sixième siège, il n'y a pas de quoi être fier.

"Ha, Ha", pense enfin l'avocat, "ne viens-tu pas de dire que tu étais assis sur le quatrième siège ?" "Je ne m'en souviens pas", dit le témoin. " Quoi, " tonne l' avocat, " vous ne vous en souvenez pas ; alors votre mémoire est mauvaise. Je vais vous lire ce que vous avez dit lors de votre interrogatoire principal ", et il le fait. "Maintenant, c'était quoi, le sixième ou le quatrième siège."

L'autre objectif du contre-interrogatoire est d'obtenir de nouveaux faits. C'est un risque dangereux pour l'avocat, et s'il n'est pas sûr de son terrain, il ferait mieux de ne pas le prendre. Il fera mieux de laisser sa propre partie raconter les faits plutôt que de les faire ressortir par l'intermédiaire d'un témoin réticent, sur ses gardes et pensant que l'avocat de la partie adverse cherche à le piéger.

L'erreur que commettent la plupart des avocats lors du contre-interrogatoire est de demander au témoin de répéter ce qu'il a dit lors de son témoignage direct. Raconter à nouveau la même histoire ne fait qu'accentuer les faits dans l'esprit du jury. L'avocat demande :

"Vous dites que vous avez vu le conducteur fouetter ses chevaux alors que la voiture était à un pâté de maisons." L'avocat peut douter de la véracité de la déclaration, mais la simple répétition des mots affecte la mémoire du jury. À moins qu'il n'ait un objectif précis en revoyant le témoignage, soit pour démontrer avec force le contraire direct, soit pour démontrer que le témoin a appris le témoignage par cœur et que la répétition est exactement dans les mêmes mots, l'avocat ferait mieux de renoncer .

Aussi étrange que cela puisse paraître, les règles de preuve reposent en réalité sur le bon sens. L'expérience ordinaire de l'humanité a donné naissance aux règles de l'évidence, mais la difficulté est que l'expérience ultérieure de la civilisation donne naissance à de nouvelles règles qui ne sont pas cohérentes avec les anciennes. Néanmoins, les règles actuelles, lorsqu'elles sont raisonnablement appliquées, sont assez bonnes. La vraie question est de savoir s'il devrait y en avoir.

En acceptant le fait qu'il devrait y avoir des règles, celles-ci reposent sur deux principes : la première est que seul ce qui a à voir avec une affaire peut être prouvé et la deuxième que cela ne peut être prouvé que d'une manière sûre et raisonnable. Il peut sembler impossible au juriste comme au profane d'énoncer les règles de la preuve dans un langage simple. Mais les principes du sens commun finiront par prévaloir, comme ils l'ont fait dans le passé, même s'ils ont été cachés sous une masse de verbiage, de formes anciennes et de coutumes obsolètes.

La théorie est que la justice veut le plus haut et le meilleur qu'elle puisse obtenir, le tribunal insiste sur les deux règles principales : ; ces preuves doivent être les meilleures qui puissent être obtenues et doivent être présentées de la manière la plus sûre, la plus claire et la plus authentique.

Prenons, par exemple, la règle selon laquelle les conclusions du témoin ne sont pas autorisées. Si le tribunal considérait comme preuve que le témoignage "le défendeur a apporté les marchandises et elles ont été livrées", et que le défendeur venait à la barre et disait : "Je n'ai pas acheté les marchandises et elles n'ont pas été livrées", le tribunal aurait avant il s'agit simplement de deux croyances ou conclusions contraires. Ce serait un cas de "Katy l'a fait, Katy ne l'a pas fait".

La règle de la preuve est claire : le demandeur doit démontrer où il a vu le défendeur, ce qui a été fait et ce qui a été dit ou écrit par les deux parties. Si la question porte sur la livraison, il ne suffit pas que le demandeur dise : « J'ai livré la marchandise ». Le tribunal doit avoir la preuve de l'historique des marchandises. Il faut appeler le conducteur du chariot qui pourra témoigner où il a conduit, quel colis il transportait et ce qu'on en a fait lorsqu'il est arrivé à la maison.

La question des témoins experts n'est finalement pas si compliquée. Ce sont simplement des personnes dotées d'une expérience exceptionnelle qui sont autorisées à témoigner de quelque chose dont elles ne savent rien. Il se peut qu'ils n'aient jamais vu ni entendu les faits litigieux, mais parce qu'ils ont une grande expérience de faits similaires , ils sont autorisés à dire ce qu'ils pensent des faits rapportés par des témoins oculaires devant le tribunal. Comme les conclusions et les opinions peuvent être diverses, il existe parfois une grande diversité parmi les experts, et comme le nom même des experts implique des détails techniques, il existe dans l'esprit du jury et du public le sentiment que le témoignage des experts sera embrouillé par une masse de termes incompréhensibles.

Le médecin qui a témoigné dans une affaire dans laquelle le plaignant souffrait d'un mal de dos et avait obtenu du jury des dommages-intérêts de soixante-quinze dollars en est un exemple. Il a dit:

"Le plaignant souffrait d'une maladie sacro-illiaque traumatique , d'une sinovite traumatique du genou et du poignet et d'une myosite traumatique des muscles du dos."

En réalité, le témoignage des témoins experts constitue une très bonne preuve. Si le texte est donné dans un anglais simple et compréhensible et que le jury considère que l'expert est un homme clair et sensé, c'est exactement ce que le jury veut apprendre. La méthode de raisonnement d'un expert sur les faits présentés en preuve est la même que celle employée par le jury dans la salle des jurés. Ce n'est qu'une opinion ; car c'est de l'opinion du jury et des preuves que dépend son verdict.

Pendant que les témoins sont interrogés, appelés à la barre, assermentés, excusés et contre-interrogés, se produisent d'innombrables incidents du procès connus sous le nom d'objections, d'exceptions et de requêtes.

CES OBJECTIONS TECHNIQUES

Ce sont les trucs de scène et les petits incidents qui donnent de la variété au spectacle. Aucun drame ne serait complet sans quelques détournements. En ce qui concerne le drame lui-même, ils n'ont pas grande importance, sauf pour donner du piquant et de l'intérêt à l'action.

L'avocat pose une question apparemment bonne. "Je m'y oppose", répond l'autre avocat, "au motif que c'est incompétent, hors de propos et sans importance". Le juge doit trancher. Il n'a peut-être pas exactement entendu la question. Le sténographe le relit. L'autre avocat se penche en avant, effrayé à l'idée que la question soit écartée. Il commence à argumenter.

"La question est parfaitement appropriée ; le témoin devrait être autorisé à y répondre." "Non", répond l'autre avocat, "cela est inapproprié dans la forme, appelle une conclusion et ne devrait pas être autorisé." Le juge semble perplexe. « Relisez ça », dit-il. La question est : « Quel genre de vache avez-vous vu dans le jardin du plaignant ? "Je m'y oppose toujours", affirme l'avocat. "Il n'a pas été démontré que le témoin est un expert. Si mon éminent confrère tente de le qualifier d'expert, je souhaite avoir l'occasion de le contre-interroger sur son expérience avec les vaches." "Pas du tout", répond l'avocat. "La question est tout à fait légitime et je défends mes droits légaux." Le juge hésite ; s'il ne statue pas correctement, l'avocat fera une exception et la Cour d'appel pourrait ne pas l'apprécier. Alors il dit en se tournant vers le témoin : « Vous pouvez répondre, mais je réserverai la question et la trancherai plus tard sur une motion de radiation. "J'accepte", répond l'avocat. Le jury semble soulagé. Le témoin se redresse, l'avocat de la partie adverse se redresse, avec un mépris dégoûté devant une procédure aussi lâche. "Eh bien", dit le témoin, "c'était une vache rouge".

Cela peut durer un certain temps.

"Je propose de biffer la réponse", dit l'avocat ; et la dispute recommence.

Tout au long du procès, le client et le jury attendent ces objections et exceptions. La nature d'une exception est un avis signifié au juge que ses décisions sont erronées. La théorie est que s'il veut les modifier, il ferait mieux de le faire avant que l'affaire ne soit portée en appel. C'est une menace secrète pour le juge. Il existe un principe dans certains tribunaux selon lequel aucune décision qui ne fait pas l'objet d'une exception ne peut être examinée en appel ; c'est pourquoi l'avocat veille à préserver ses droits par des exceptions.

Un jeune avocat avait autrefois ce principe si fermement ancré dans son esprit que lorsqu'il se présentait au tribunal , il commençait à faire des exceptions à tout, même aux décisions en sa faveur. Il ferait une objection ; le juge le maintiendrait. "Je sauf", a déclaré l'avocat. Il ferait une motion; le juge l'accorderait. "Je excepte", dit le jeune avocat. L'autre partie ferait une objection ; le juge trancherait contre eux et en faveur de l'avocat. « J'accepte », dit l'avocat. Finalement, la situation est devenue si tendue que le juge a convoqué le jeune homme devant le tribunal et lui a parlé confidentiellement. Son explication était la suivante : "C'est mon premier cas et le chef de mon entreprise m'a dit d'être sûr et de faire exception à toutes les décisions."

Certains avocats ont tellement l'habitude de faire des exceptions qu'on dirait qu'ils ont le hoquet. « Annulé » ; « J'sauf » ; "Autorisé"; « J'sauf » ; "Refusé"; « J'sauf » ; "Accordé"; "Je sauf." Cela devient une coutume aussi constante que le refrain d'un opéra-comique.

Théoriquement, cette mesure peut avoir une base légale solide, mais elle a si peu de valeur pratique qu'elle semble ridicule. Les avocats et les juges considèrent que cela va de soi. Si le juge, après toute la discussion, décide finalement de maintenir le témoignage concernant la vache rouge, il ne sera pas enclin à changer d'avis parce que l'avocat invoque cette exception menaçante. Le son du mot est méchant et semble exprimer le ressentiment de l'avocat face à la décision du juge.

On ne trouve aucun exemple dans les milliers de volumes de recueils de lois où le juge change d'avis en raison d'une exception. L'objectif dans cette direction particulière est vain.

En ce qui concerne l'appel ; la Cour d'appel qui tente de trancher une affaire sur les exceptions prises lors du procès connaîtrait des moments difficiles. Il leur faudrait démêler l'écheveau des preuves et découvrir si cet important témoignage de la page 204 a été excepté ou non, puis s'il y a eu une décision appropriée ; reportez-vous au procès-verbal du sténographe et regardez l'exception importante à la page 59 et à nouveau à la page 106. À moins que la question tranchée n'ait fait l'objet d'une exception , la Cour d'appel ne peut pas la trancher. Il est difficile d'imaginer qu'un tribunal puisse être si rigoureux et si étroit d'esprit qu'il puisse suspendre la justice à de si petites exceptions, que le sténographe pressé du moment aurait peut-être oublié d'insérer.

Devant les tribunaux pénaux, il n'y a aucune exception de la part du peuple, car il n'y a pas de recours au nom de l'État. L'accusé continue de répéter "J'accepte respectueusement". "Je dois insister sur mon exception." Pensez à un homme emprisonné pendant dix-sept ans parce que son cas n'a pas été annulé en raison de son défaut d'exception. Le tribunal ne pouvait pas croire que la justice était si aveugle qu'elle ne pouvait pas comprendre la preuve dans son ensemble.

Les exceptions sont les punaises et les piqûres d'épingle d'un essai. Ils ont si peu de valeur dans la structure principale du drame que s'ils sont oubliés par l'une ou l'autre des parties, le tribunal devrait leur fournir un boisseau plein qui pourrait être distribué par poignées partout où les avocats jugeraient qu'ils seraient utiles ou agréables.

Les objections sont de trois types principaux : non pertinentes, immatérielles et incompétentes. Ils sont comme les mots magiques qui ouvrent ou déverrouillent les portes des preuves et les laissent entrer ou les empêchent d'entrer. Ils ont trois significations distinctes que les avocats comprennent. Une chose peut être immatérielle, mais pas incompétente, ou incompétente et non immatérielle, ou non pertinente et non immatérielle, ou non pertinente et non incompétente, ou incompétente et non dénuée de pertinence, ou l'une ou les deux, ou pas du tout. N'importe quel étudiant en droit peut expliquer pleinement la différence, mais la distinction est immatérielle et hors de propos, et si le lecteur a un doute, qu'il demande à n'importe quel ami avocat de lui dire en termes simples, sans insulter son bon sens, quelle est la distinction entre l'immatériel et l'immatériel. n'est pas pertinent.

La confusion d'un jeune homme a finalement trouvé son expression dans les termes « irrévérencieux, impertinent et… et – et sans importance ».

L'avocat, lorsqu'il s'y oppose, tente généralement quelques autres suggestions qui peuvent être prises en compte par le juge, telles que "la question est directrice et suggestive; tout à fait inappropriée; appelant une conclusion; objectée comme étant argumentative ou en raison de son ambiguïté".

Quels que soient les problèmes liés aux objections, ce n'est la faute ni de l'avocat, ni du juge, ni du témoin. Lorsque certaines preuves ne sont pas autorisées par la loi, il convient de les contester. Aussi déraisonnables et souvent comiques que puissent paraître les objections, leur existence en droit repose sur le fait que le tribunal veut la meilleure preuve possible.

Au lieu d'une copie d'une lettre, le juge et le jury devraient voir l'original. Au lieu de la copie du testament, on souhaite obtenir le document signé par le testateur. Supposons qu'une question se pose quant au paiement d'une facture. Le prévenu dit qu'il est entré dans le magasin et qu'il a payé. La meilleure preuve est celle de celui qui l'a vu payer. Un témoin auquel il est venu ensuite et a déclaré qu'il était allé au magasin et avait payé la facture n'est pas un témoin aussi précis que l'homme qui était dans le magasin et a vu l'argent payé. C'est pour écarter cette preuve plus pauvre que des objections sont faites.

Si l'objection est bonne, le juge dit « Objection retenue », ou s'il estime que la preuve est la meilleure , il l'admet et dit « Objection rejetée », alors le témoin peut continuer et répondre à la question. À moins que l'avocat qui s'oppose n'expose le motif ou les raisons de son objection, l'objection n'est pas censée être valable car l'autre partie doit être informée de la raison afin qu'elle puisse fournir la preuve appropriée, c'est pourquoi l'objection est qualifiée de non pertinente. , incompétent et immatériel, de manière à couvrir tous les motifs possibles.

Les raisons données pour les objections : incompétent, non pertinent et immatériel pourraient, en ce qui concerne l'homme moyen, se lire « incompétent », « non pertinent » et « immature ». Les mots répétés ensemble ressemblent à ce vieux terme juridique « héritages incorporels ». Ils sont imposants et donnent du ton au procès. La solennité de la répétition est toujours un atout précieux. La vraie valeur du mot non pertinent est démontrée par la répétition de non pertinent, « non pertinent », non pertinent, « non pertinent ». En peu de temps , l'un semble aussi précieux que l'autre.

Lorsqu'il formule une objection, l'avocat se lève et lorsqu'il a terminé, il s'assoit. Cela donne l'impression de sauter constamment, mais ce n'est qu'une question d'étiquette, comme enlever son chapeau ou faire un nœud. Certaines personnes aiment la formalité, mais on peut se demander dans quelle mesure cela est dû à la dignité d'un tribunal et dans quelle mesure la forme et les manières doivent être sacrifiées à l'efficacité des affaires. Le juge qui a déclaré qu'il n'entendait pas les objections constantes de l'avocat parce qu'il formulait ses objections assis n'était pas tant un adepte des bonnes manières qu'un protestataire contre l'absurdité des objections professionnelles.

La question soulevée est la même et renvoie à celle sur la preuve. Tout sera-t-il autorisé à entrer et une photographie comportant de nombreux détails sera-t-elle remise au tribunal ? Si telle est l'idée correcte, une connaissance et une atmosphère générales peuvent être dérivées de toutes les circonstances environnantes et il n'y aurait alors aucune objection. Si l'on suit l'interprétation stricte de la loi, limitant la preuve à ce qui est vu et entendu, les objections sont appropriées et sensées.

La tendance moderne est de supprimer toutes les restrictions du passé. L'interprétation de la loi de la preuve a été trop sévère et le pendule va forcément osciller dans la direction opposée. Il n'est pas toujours facile d'atteindre un médium, et le seul test est celui du bon sens de la moyenne.

Sur la question du temps et de la question de savoir si la suppression des objections et l'admission de toutes les preuves ne seraient pas plus courtes, il y a beaucoup à dire. Il faudra peut-être moins de temps au témoin pour raconter la scène du lit de mort de la tante du beau-frère de la sœur de sa femme, qu'au tribunal pour entendre et rejeter toutes les objections et tous les arguments quant à l'admission du témoignage sur le dossier rouge. vache.

À mesure que le jury écoute les objections et les exceptions, il devient de plus en plus impatient. L'influence restrictive de l'environnement, le fait qu'ils soient enfermés dans une boîte et dont ils font partie, le drame les maintient silencieux. Ils ne peuvent pas éclater en révolte sous les pressions du témoin. Ils ne peuvent rien dire des objections absurdes qui interrompent les débats ni des petites exceptions malveillantes qui sont introduites, mais ils ne peuvent qu'accumuler tranquillement une méfiance croissante à l'égard de la méthode dans son ensemble. Lorsque l'avocat s'y oppose avec autant de vigueur, le jury pense qu'il doit avoir quelque chose à cacher. Cependant, lorsque des objections sont formulées , elles produisent un certain effet dont on ne se rend pas compte au premier abord. On pose une question qui est parfaitement sensée pour le jury, mais qui est absolument inadmissible selon les règles de la preuve. Par exemple, l'avocat demande : « Qu'avez-vous dit à votre femme à propos de l'accident lorsque vous êtes rentré à la maison ? Tout homme raisonnable sait que ce qu'il dit à sa femme est très important et met en jeu sa véracité. L'autre avocat s'y oppose à juste titre. Le jury pense qu'il doit y avoir quelque chose dedans. L'avocat demande encore : « N'avez-vous pas dit à votre femme que les chevaux allaient très vite ? L'autre avocat est debout. "Je m'y oppose", dit-il, "et je dois demander à Votre Honneur de demander à l'avocat de ne pas poser de questions manifestement inappropriées." La Cour donne raison à l'avocat qui s'oppose. Il réprimande l'avocat et demande au jury de ne pas tenir compte de la question. Mais quel est l'effet ? Le jury estime que, à moins que l'avocat n'ait pensé que la réponse serait très défavorable à son camp , il ne s'y serait pas opposé avec autant de vigueur. Le jury a toujours l'impression que la question de savoir ce qu'il a dit à sa femme était très importante.

C'est pour cette raison que lorsque l'avocat continue de poser des questions répréhensibles, le juge déclare parfois l'annulation du procès ou permet à l'une des parties de retirer un juré, ce qui n'est qu'une façon polie de dire que le jury présent dans une affaire particulière ne peut pas être équitable.

Ici se pose l'un des plus jolis dilemmes du droit concernant le procès d'une affaire. Supposons que l'affaire dure toute la journée ou depuis plusieurs jours. Le demandeur est très impatient d'en finir. Il a dépensé beaucoup d'argent et s'est donné beaucoup de mal pour obtenir son témoin et le temps des avocats est très précieux par jour de procès. En revanche, dans le pire des cas, l'accusé ne peut avoir qu'un jugement contre lui, ce qui peut aussi bien avoir lieu à un autre moment. Il est disposé à ce que le procès soit déclaré nul et à recommencer ; il sait qu'il faudra beaucoup de temps pour que le procès reprenne. Cela a été une procédure ennuyeuse, mais il s'en fiche tant qu'il y a une chance de reporter le jugement contre lui. Il est dans l'ensemble préférable et plus facile de différer cette décision.

Maintenant, si le juge déclare l'annulation du procès, à la demande du plaignant, c'est sa propre responsabilité. Il estime qu'il ne peut pas avoir un procès équitable, qu'il ne peut pas poursuivre son procès. Mais supposons que l'accusé, par l'intermédiaire de son avocat, rende le procès inéquitable. Son avocat ne cesse de poser ces questions inappropriées qui impliquent tant de choses pour l'esprit du jury. Le juge peut parler sévèrement à l'avocat et lui mettre en garde de ne pas continuer à poser des questions suggestives. C'est tout ce qu'il peut faire. Il serait manifestement injuste d'ordonner le retrait d'un juré. Le procès, selon l'opinion du juge, peut être inéquitable. L'avocat du plaignant a peur de demander l'annulation du procès, d'abord à cause des ennuis et des dépenses pour son client, et deuxièmement, si la demande est refusée, le jury croira qu'il les trouve injustes et ne veut pas qu'ils jugent l'affaire. Le juge est dans une position curieuse en ce qui concerne les questions et témoignages répréhensibles, il ne doit pas pénaliser le plaignant en punissant le défendeur. L'assouplissement des lois sur la preuve pourrait éliminer de tels dilemmes.

LES MOUVEMENTS AU TRIBUNAL

Les mouvements impliquent du mouvement et de l'action, surtout dans une pièce de théâtre, mais dans une cour , les mouvements sont l'inverse et occupent la place des pauses dramatiques qui retardent le mouvement réel de la pièce. Ils sont d'un grand intérêt pour les avocats, d'un certain intérêt pour le juge, parce qu'il doit les transmettre immédiatement, mais de peu d'intérêt pour le client, qui ne les comprend pas, et d'aucun intérêt pour le jury, sauf lorsqu'elles aboutissent à la clôture d'un procès.

Avant le début de l'affaire, le défendeur présente une requête. Lorsque l'avocat du plaignant a terminé son exposé, l'autre partie présente une requête en rejet de l'affaire. Lorsqu'il termine son témoignage, l'autre avocat demande le non-lieu. Lorsque les deux camps ont terminé, chacun bouge . Lorsque le jury rend son verdict, l'un ou l'autre côté peut agir, ou les deux si aucun des deux n'est satisfait. Tout au long du procès, il y a une quantité de petits mouvements. Requêtes en radiation, requêtes en instruction, requêtes pour obliger le témoin à répondre à une question, requêtes pour obliger l'autre avocat à se comporter. Sauf pointer du doigt ou élever la voix en parlant, ce ne sont pas des mouvements, ils sont seulement verbaux, l'action intervient dans le jeu des émotions des parties au tribunal. Les motions disent simplement ce que veut l'une ou l'autre des parties ; le formel demandant quelque chose.

La première requête importante concerne les plaidoiries elles-mêmes ou le moment où le demandeur s'est ouvert. Si le juge ne croit pas que le demandeur a exposé une cause en droit, il la rejette sur requête du défendeur et le jugement est « sans préjudice ». Le problème est qu'un jugement de ce genre ne règle pas définitivement le litige. Le demandeur peut réintroduire l'action.

Il peut faire appel de la décision ou du jugement et la cour d'appel peut décider que le juge de première instance s'est trompé, puis après un certain temps l'affaire est tout de même soumise à un nouveau procès. À ce stade, le plaignant ou son avocat peuvent croire qu'il n'a pas de dossier et se désister, mais la décision dépend de la question de savoir si les parties ne sont pas décédées, fatiguées, tombées entre les mains d'un séquestre ou déménagées à Bornéo. Le jury connaît peu cet état de choses et ne s'intéresse pas aux requêtes préliminaires. Les clients ne comprennent pas mais pensent que les avocats parlent bien.

Les avocats s'intéressent aux questions de droit et croient tellement en leur cause que si une décision défavorable est rendue , ils sont choqués et surpris. Le juge sait que même s'il accueille la requête en rejet, il autorisera probablement un amendement. Il ne s'inquiète guère que s'il entrevoit une possibilité de régler définitivement le différend et de passer à l'affaire suivante. Il a hâte d'essayer l'action actuelle et d'entrer dans le vif du sujet, mais en réalité, s'ils insistent sur tous les détails techniques , il se sent un peu impatient.

Il sait que même si l'accusé a raison et que les plaidoiries sont défectueuses parce que le sténographe a oublié d'insérer une date, celle-ci peut quand même être inscrite. Une législation récente a jugé nécessaire de dire que les tribunaux devraient autoriser les modifications des plaidoiries lorsque « justice substantielle " sera ainsi accompli. C'est un commentaire sur le système judiciaire que le peuple, par l'intermédiaire de ses législatures, devrait juger nécessaire d'adopter une loi selon laquelle les juges devraient modifier les actes de procédure sur papier pour promouvoir la justice. Si la justice et le droit dépendent à ce point de bouts de papier, le formalisme aride des tribunaux est regrettable.

La prochaine requête importante se produit lorsque le demandeur a déposé son témoignage et s'est reposé. "Le plaignant se repose", dit l'avocat.

Le juge et le jury se disent : "Eh bien, c'est à moitié fini."

L'avocat du défendeur se lève et dit : « Je propose le rejet au motif que le demandeur n'a pas établi de cause d'action. Il n'a pas démontré que la vache appartenait au défendeur, ou il n'a pas démontré que le conducteur de la vache le demandeur était exempt de toute négligence contributive, ou il n'a présenté aucun argument."

C'est un moment d'angoisse pour le jeune avocat. A-t-il oublié quelque chose ? Qu'y avait-il dont il ne se souvenait pas ? L'affaire sera-t-elle classée sans suite parce qu'il a oublié de nouer un lacet de chaussure ou de mettre une épingle ? S'il est plus expérimenté dans le travail judiciaire , il ne sera pas aussi inquiet. La loi veut que le plaignant ait toutes ses chances à ce stade de la procédure. Ce n'est que lorsque les deux parties ont fini leur procès que la loi commence à évaluer les preuves. Au terme du procès du plaignant, tout est en sa faveur. N'importe quel fragment de témoignage suffit sur un point particulier. La théorie du droit est que les deux parties doivent être entendues. Si la requête en rejet est déposée au motif que quelque chose a été omis, le tribunal donnera généralement la possibilité de prouver à qui appartenait la vache rouge. Ce mouvement, comme bien d'autres vestiges d'une époque révolue, est une question de coutume et de tradition. Cette décision repose généralement sur la théorie selon laquelle le juge peut penser qu'il n'y a pas de cause et que le plaignant ne peut pas établir de preuve. S'il en décide ainsi, l'affaire est terminée, le jury est démis de ses fonctions et le client est blessé en étant expulsé du tribunal.

Il existe également un droit de recours contre une décision de ce type, qui peut aboutir à une annulation. Ensuite, le nouveau jury est constitué , les témoins sont rappelés et les débats sont repris une fois de plus. Si la décision ou le jugement est confirmé, l'affaire ne se reproduit généralement pas ; le tribunal supérieur a déclaré que le plaignant n'avait aucun argument sur la base des preuves et qu'à moins que de nouvelles preuves ne soient produites , il ne pourra jamais se rétablir. Dans certains cas d'accidents, les cours d'appel ont déclaré qu'elles ne donneraient pas les raisons pour lesquelles elles rejetaient la plainte une fois que toutes les preuves étaient réunies parce que, disent-elles, si elles le faisaient, elles craignaient que le plaignant ne fournisse les chaînons manquants par des preuves fabriquées le lendemain. procès et pas tout à fait honnêtement. Il s'agit là encore d'un commentaire sur la procédure.

C'est précisément à ce stade que le droit de l'affaire entre en jeu avec tant d'insistance. Avant que l'affaire ne soit portée devant le tribunal, l'avocat est censé savoir si son client a un droit d'action. Tout état de fait ou toute violation de ces droits ne donne pas lieu à une action susceptible d'être maintenue en justice. Si vous invitez un homme à dîner et qu'il accepte, mais ne vient pas, vous ne pouvez pas récupérer vos dommages-intérêts pour avoir fourni le dîner ; ou si vous faites tomber votre propre puits, vous ne pourrez pas poursuivre en justice l'homme qui l'a construit. L'avocat est censé avoir soigneusement examiné les éléments de fait qui justifient une action. Si les faits eux-mêmes ne lui confèrent pas un droit à réparation, son procès est rejeté ; ou s'il a une cause d'action mais n'a pas prouvé les faits, celle-ci est également rejetée.

Mais comme nous l'avons dit plus haut, si l'ensemble des faits ou ceux de la plaidoirie sont imparfaits, l'esprit moderne est de permettre qu'ils soient perfectionnés. La seule théorie du droit qui est contraire à cet esprit est ce qu'on appelle la théorie selon laquelle chaque homme a droit à sa journée au tribunal et, le jour venu, il est injuste de faire comparaître l'autre partie à nouveau en raison d'un défaut ou d'un oubli. de la part de l'autre.

La réconciliation est qu'il ne devrait y avoir aucune surprise lors d'un procès, la tendance moderne est d'éloigner l'affaire de l'idée d'une épreuve de bataille. Les petits avantages que procurent les sorties et les surprises, et dont on profite habituellement par le mouvement, n'ont après tout pas une grande importance.

Une situation anormale montre l'absurdité de ces requêtes, car lorsque le demandeur se repose, à moins que le défendeur ne présente une requête pour rejeter la cause du plaignant, il est censé admettre que le plaignant a présenté une bonne preuve prima facie, et s'il *ne* bouge pas il est à tout jamais empêché, en appel ou autrement, de prétendre que le demandeur n'a pas présenté un dossier solide. Le résultat est qu'à la clôture du dossier du demandeur, la requête est généralement présentée comme une question de forme afin de préserver le droit du défendeur.

Habituellement, cette requête est rejetée s'il y a une possibilité de présenter un dossier, mais supposons que le juge, soit par ignorance, soit par obligeance, dise : « Eh bien, le plaignant a présenté un bon dossier, mais si vous le demandez, le sang sera versé. sur vos propres épaules, et je rejetterai l'affaire. Le défendeur ne veut pas que l'affaire soit rejetée, mais il l'a demandé et il a obtenu ce qu'il demandait. Le résultat est une situation anormale. L'affaire sera sans aucun doute renversée et il devra payer des frais pour avoir été contraint de demander, en raison du formalisme de la procédure judiciaire, ce qu'il ne voulait pas.

À la fin de la présentation des arguments du défendeur, lorsque les deux parties se sont reposées, le défendeur demande à nouveau le non-lieu. Ici encore, il s'agit d'une requête formelle, dont il n'est peut-être pas tout à fait intentionnel, mais que l'avocat présente souvent pour la forme. Si le juge estime réellement qu'il n'y a pas suffisamment de preuves pour soumettre l'affaire au jury, il doit le dire sans qu'il soit nécessaire de présenter une motion. Supposons que ce ne soit pas le cas, il rejette l'affaire « sur le fond » et le procès est terminé. Mais supposons que ce soit le cas et que le juge ne connaisse pas son métier et que les subtilités du droit ne soient pas tout à fait claires pour Son Honneur, qu'il commette une erreur et que l'affaire soit rejetée. Le résultat est que bien qu'il ait accueilli la demande de rejet du défendeur et donné au défendeur ce qu'il voulait, il l'a en réalité pénalisé, car la cour d'appel annulera sa décision et le défendeur devra payer tous les frais et supporter les dépenses. d'un nouveau procès. Le juge se trouve dans un dilemme dont il peut se sortir de deux manières. La première consiste à laisser le cas faible du plaignant être soumis au jury dans l'espoir qu'il verra la mauvaise performance du plaignant et qu'il trouvera un verdict pour le défendeur, auquel cas il sera en sécurité. Mais si le jury commet une erreur et donne raison au plaignant, alors le juge a l'intention d'annuler ce verdict, annulant ainsi tout le travail du jury, des témoins, des clients et des avocats, et ordonnant un nouveau procès. Il s'agit là d'une démarche plutôt faible d'esprit qui montre la nécessité d'avoir à la place de l'arbitre un homme qui sache décider.

La deuxième possibilité pour le juge est de réserver sa décision sur la requête et de laisser le jury entrer dans la salle des jurés et s'inquiéter du verdict pendant une heure ou deux, tandis que le juge a l'intention cachée de décider peut-être qu'il n'a pas besoin de passer à tout moment à ce sujet.

Le principe sur lequel le juge se fonde sur cette motion de rejet est qu'après tout, l'affaire est établie et toutes les preuves sont réunies, que sur la base de la preuve et de la preuve, il n'y a pas suffisamment de preuves de la part du demandeur pour qu'un homme raisonnable puisse jamais conclure un verdict pour lui. La requête diffère de celle présentée à la clôture du dossier du plaignant dans la mesure où cette dernière repose sur l'absence de preuve du tout, tandis que celle qui suit l'affaire est entièrement fondée sur la théorie selon laquelle il n'y a aucune possibilité de verdict.

Cela ressemble encore une fois à une discussion métaphysique, mais illustre la futilité des requêtes formelles, de sorte qu'en réalité la décision dépend du bon sens du juge. La tendance est que si l'affaire a atteint la durée d'un procès complet et qu'une question de fait est en jeu, le jury devrait trancher la question de fait et exercer ses fonctions. Il doit s'agir d'un dossier pauvre et faible du plaignant et manifestement mal fondé, dans lequel le juge ou la cour d'appel intervient.

Tout au long du procès, les petites motions qui surviennent ont le même rapport avec la question principale que les objections et les exceptions.

"J'ai essayé d'arrêter la voiture", raconte le conducteur.

L'autre avocat saute. "Je propose de supprimer ma conclusion."

Les témoins ont témoigné sur des faits légèrement différents de ceux exposés dans les plaidoiries. "Je propose de modifier les plaidoiries pour les rendre conformes à la preuve", précise l'avocat.

"Je demande un ajournement pour cause de surprise", dit l'autre.

Bien entendu, la déclaration du chef d'orchestre est une conclusion de fait. Mais si l'autre partie veut savoir comment il a essayé d'arrêter la voiture, qu'il demande ce qui a été fait. "A-t-il actionné la poignée de frein ? A-t-il activé l'urgence ?" Il n'est pas nécessaire d'être un expert pour dire que la voiture roulait vite ; il peut être interrogé sur ce qu'il considère comme étant rapide. Il n'est pas non plus nécessaire qu'il soit un expert pour dire que les œufs sont pourris, que le beurre est rance, qu'il y a eu une guerre en Europe, qu'un homme a une jambe cassée ou a l'air malade ou se comporte bizarrement, que le poisson est rassis ou que le la vache était rouge.

La requête en radiation n'affecte pas le jury, le témoignage reste toujours dans l'esprit des jurés. La mémoire verbale reste. La requête en modification des plaidoiries n'affecte pas non plus le jury. Qu'est-ce qu'ils ont à voir avec ça ? Si les documents sont modifiés, cela n'a pas d'importance de leur point de vue. Si le plaignant avait écrit une lettre indiquant qu'il allait intenter une action en justice pour quelque chose, cela semblerait préférable au jury que n'importe quel plaidoirie.

Ces motions sont insignifiantes et les exemples d'un formalisme qui, aussi précieux soit-il pour définir les méthodes de la bataille juridique, ne sont pas conformes à l'esprit moderne d'investigation des faits. Il est assez significatif que les lois créant des commissions de service public et des comités d'enquête législative dans certains États vont jusqu'à déclarer qu'il ne doit pas y avoir de règles de preuve telles que celles utilisées dans les tribunaux.

Les autres requêtes, telles que celle visant à ordonner un verdict, qui est généralement la même qu'une requête en rejet, et les requêtes après qu'un verdict a été rendu, sont également des déclarations formelles d'une demande de règlement de l'affaire.

Ils peuvent tous être très bons et utiles à leur manière, mais ne sont que des incidents et des mesures par lesquels la vérité est atteinte. Le client a l'air perplexe face à l'argumentation et à la décision, les jurés n'ont pas une conception très claire de ce qui se passe, les avocats ont le sentiment illusoire qu'ils se dévalorisent peut-être un peu en faisant autant de requêtes, et pourtant ils , ont le droit légal de le faire et ils doivent profiter de tous les droits légaux pour la protection de leurs clients.

Après que tous les témoins ont été appelés, le demandeur et le défendeur ont prouvé leurs points de vue, le demandeur a contredit le nouveau témoignage du défendeur, tout le monde a été interrogé, les objections et les requêtes ont été interrompues, des exceptions ont été eues, le juge demande si les deux parties ont réussi et que la présentation de l'affaire est terminée.

Le cours de la justice a suivi un chemin difficile et plutôt étroit. La révolte populaire contre la méthode pour parvenir à la vérité est en fait due à l'étroitesse du chemin. La présentation d'un cas et les moyens de parvenir à la vérité doivent s'effectuer selon un système bien défini et ordonné. Il semblerait naturel que les rues tortueuses et mal pavées d'une vieille ville cèdent la place aux avenues ouvertes, lisses et larges de l'esprit moderne.

ÉLOCUTION

Enfin , lorsque les deux parties se reposent et que le juge a statué sur les dernières requêtes, l'action intense du drame commence. Pour cela, les clients attendaient, les avocats se formaient. C'est l'occasion pour eux d'afficher leurs acquis, de montrer à leurs clients quels avocats brillants ils ont retenus ; faire savoir au juge à quel point il a bien compris l'affaire ; pour déplacer et convaincre le jury de son côté ; pour percer les mystères et, par le pouvoir de l'oratoire, amener la justice là où elle appartient. Lorsque son avocat parle, le client le regarde avec admiration, mais pendant que l'avocat adverse parle, le client peut difficilement cacher son mépris. Il estime que sa cause est sûre et il ne comprend pas comment il peut y avoir quoi que ce soit à dire de l'autre côté. Pourtant, il craint qu'il y ait une astuce judiciaire qu'il ne comprend pas et que l'affaire soit perdue.

"Votre Honneur et messieurs le jury", commence l'avocat du prévenu. Inclure le juge dans son discours, même s'il s'agit d'une question de courtoisie pour l'éloquence du résumé, s'adresse uniquement au jury. Le juge n'est censé écouter et retenir les avocats que s'ils vont trop loin dans leurs tentatives d'influencer le jury par leurs efforts. Le juge est le chronométreur ou l'arbitre et tient les avocats au point.

L'objet de l'attaque est le jury. Comme la charge de prouver le bien-fondé des faits incombe au plaignant, il est censé avoir le premier et le dernier mot ; par conséquent, le défendeur commence à résumer. Après avoir terminé, c'est au tour du plaignant. La position tactique est en faveur du plaignant. L'avantage, comme dans toutes les disputes verbales, revient apparemment à celui qui a le dernier mot. Dans tous les débats, l'auteur a le droit d'ouvrir et de clôturer. Le plaignant a commencé l'affaire par son ouverture, et une fois celle-ci terminée , il est autorisé à clôturer.

« Messieurs, dit le juge, combien de temps mettrez-vous à votre discours ? Les deux parties s'accordent sur un certain délai, qui s'avère généralement trop court, mais qui est accepté avec empressement parce que chaque partie pense que son argument est si clair et convaincant qu'il ne sera pas difficile à expliquer. L'avocat ceint ses reins, la salle d'audience se calme, la lutte entre les preuves contradictoires est terminée, les clients et les témoins se retirent du premier plan, l'autre avocat s'assoit et l'avocat s'approche de la tribune des jurés.

« À vous le jury », dit le juge, comme s'il abandonnait le jury. En fait, le résumé est une attaque, une lutte vive, vive et magistrale dans laquelle l'esprit et le cerveau sont opposés à l'esprit et au cerveau : où les faits et les passions doivent être rassemblés de la manière la plus intelligente et la plus plausible, où l'imagination et l'oratoire doivent être combinés. employés dans leurs meilleures capacités. Il peut être audacieux, viril, énergique ou doux et persuasif ; il peut faire appel à la sympathie ou menacer avec une batterie de faits accumulés. L'art oratoire médico-légal est la forme d'art la plus élevée, le plus puissant des dons humains. Le seul problème avec la plupart des discours de cour est qu'ils ne conviennent qu'au marché. L'avocat commence avec la ferme impression qu'il doit gagner le jury. Sa voix est fade et apaisante, il sent qu'il doit être doux et persuasif. Il se frotte les mains et, se souvenant du vieil adage selon lequel on rit et le monde rit avec toi, tente une petite blague. Il n'y a rien de mieux que de sourire à ses côtés. Peut-être que la plaisanterie ne se passe pas très bien et que le rire ne vient pas ; le point est manqué. Il essaiera ce que la flatterie peut faire.

"Les hommes de votre intelligence voient facilement", dit-il.

"Quand je t'examinais", explique-t-il d'une manière subtile. "J'ai tout de suite su à quel point vous étiez impartial et sans préjugés."

"Vous, messieurs, êtes des hommes pratiques et comprenez." Pourtant, d'une manière ou d'une autre, le jury est imperméable. Ils s'assoient sur leur chaise et regardent.

Alors l'avocat commence à oublier l'objet de sa faveur. Hypnotisé par le souvenir des torts de son client, il se met dans une frénésie de sentiments. Il balance les bras, frappe du poing, élève la voix et tonne sa dénonciation. Son discours prend un ton menaçant. Il crie et braille ; il faut réveiller le jury. Ils restent immobiles et impassibles. Il essaie d'attirer leur regard, il n'y a aucune lueur d'intérêt. Peut-être a-t-il le sentiment plutôt désespéré que l'art oratoire n'est pas ce qu'il est censé être. Le jury semble particulièrement insensible. Même ce petit juré au visage intelligent et intelligent, qui se penche en avant avec une telle expression de joie, n'est peut-être pas tout à fait digne de confiance. L'avocat a déjà vu ce genre de chose auparavant et le juré qui semblait le plus intéressé par la dernière affaire qu'il avait défendue était celui-là même qui lui avait résisté dans la salle des jurés, comme il l'a découvert par la suite. Il semble difficile de remuer le jury et les hommes dans la loge ne constituent pas du tout un public chaleureux et enthousiaste.

Le jury n'apprécie pas particulièrement le discours de l'avocat, il le considère comme payé pour faire sa part. C'est la partie du procès qu'ils peuvent comprendre ; ils n'ont pas clairement compris ce qui s'est passé auparavant. Lors des objections, des contre-interrogatoires et des harcèlements des témoins, ils ne pouvaient pas séparer dans leur esprit les fonctions de l'avocat et la personnalité de l'avocat. Il semblait qu'il faisait beaucoup de choses injustes et qu'il n'agissait pas à la hauteur, mais maintenant l'atmosphère s'est dissipé. Ils peuvent se rendre compte qu'il n'est que le bavard rémunéré de son client, qu'il ne fait tout ce bruit que parce que c'est son affaire. Pour le jury, il est le plaideur employé comme acteur. La situation est simple ; si quelqu'un voulait les payer pour agir et gesticuler autant par jour ou par heure, ils seraient très heureux de gagner cet argent.

Le client regarde l'avocat avec une admiration affectueuse. Il est vrai qu'il n'a pas fait exactement ce qu'on lui demandait lors du procès. Il aurait dû poser les questions qu'il a suggérées, mais maintenant il s'en sort à merveille. Lorsque l'avocat a terminé, le client se sent merveilleusement bien. Il ne voit qu'un côté du problème et y croit absolument. Avec un si bon parleur, le jury ne peut manquer d'être convaincu.

Lorsque l'avocat s'assoit, le client lui serre la main et lui dit combien il a bien fait. Il aurait peut-être été prêt à régler l'affaire pour mille dollars auparavant, mais maintenant il ne paierait plus un centime, pas un centime. Plus tard, si le jury devait se prononcer contre lui, même à hauteur des mille dollars qu'il était prêt à payer, il se sentirait terriblement déçu. Il devait y avoir quelque chose qui n'allait vraiment pas dans la salle des jurés.

Le juge, pendant que se déroule le résumé , n'est pas très attentif. Sa partie de l'affaire est terminée. Pendant que la preuve était donnée, il était vigilant. C'est vrai que l'accusation vient après, mais il sait assez bien ce qu'il va dire, et ce sera formel. C'est la fonction du juge de contrôler l'adresse des avocats, mais ceux-ci sont parfois très difficiles à contrôler.

Dans les procès pénaux, on fait référence aux émotions de la famille de l'accusé ; l'épouse dévouée et anxieuse, les pauvres petits enfants qui pourraient porter les stigmates de la disgrâce de leur père, si le verdict était contre lui. Puisque la vie domestique d'aucune des parties au procès n'est apparue en preuve, de telles choses étant totalement « hors de propos et sans importance », peu importe que l'image soit exacte ou totalement fantaisiste. L'accusé peut être un ivrogne, un fardeau pour sa femme et une horreur pour ses enfants ; il a peut-être abandonné sa famille à ses propres ressources ; il est possible qu'il n'ait jamais eu de famille. L'avocat n'a pas le droit de faire référence , dans son résumé ou autrement, à ce qui n'a pas été régulièrement présenté en preuve. Il est coupable de pratique déloyale consistant à informer le jury de la famille ou des circonstances de l'accusé, à moins que cela ne fasse partie de l'affaire, ce qui est peu probable. Il le sait bien ; son adversaire et le juge aussi . Et si l'avocat adverse proteste, le juge dira en levant les yeux : « Soyez prudent, conseiller, soyez prudent ». Le conseiller s'incline respectueusement et continue probablement dans le même sens. Le juge n'a pas entendu exactement ce qui a été dit et estime que les avocats, s'ils ne sont pas trop criards et bruyants, peuvent dire ce qu'ils veulent. Il ne faut pas trop parler d'une société sans âme, méchante, avide d'argent, ni trop attirer les pauvres opprimés, ni faire preuve d'une indulgence excessive à l'égard des personnalités. Les avocats ne doivent pas traiter trop ouvertement les autres de menteurs et de voleurs. Autrement dit, ils peuvent dire qu'ils mentent, mais le menteur est trop fort. La dénonciation doit être un peu retenue.

Le juge lance un avertissement plutôt doux. "Le conseiller doit s'en tenir à la preuve. Vous ne pouvez pas faire référence à des questions qui ne sont pas portées devant le tribunal." L'avocat répond : « Oui, Votre Honneur. » Le juge se replie à nouveau sur le coût élevé de la vie et la diminution de son solde bancaire. Les cris et les vociférations deviennent de plus en plus forts. Le jury fait preuve de patience, mais il ne peut pas s'y opposer. L'autre avocat se lève d'un bond et, après un effort insistant, se fait entendre. "Le témoin n'a pas dit cela ; vous dites quelque chose qui n'est pas vrai. Je demande que le sténographe lise le procès-verbal." Le sténographe commence à feuilleter les pages de son livre sténographique. Le témoignage exact de la dame dans la voiture est difficile à trouver. "Dieu", pensent les jurés, "allons-nous recommencer toute l'affaire ?"

L'avocat qui parle se plaint : « Si mon ami persiste dans ses objections , je n'y parviendrai jamais en quinze minutes. Le sténographe n'a pas réussi à retrouver l'endroit exact. Ce n'est apparemment pas dans le témoignage. Ensuite, l'avocat qui s'y oppose dit : « Je demande à Votre Honneur de demander au jury de ne pas tenir compte de la déclaration de l'avocat. » L'avocat doit avoir un humour sarcastique. Une telle instruction ne semble pas nécessaire. Le juge dit : « J'en parlerai dans mes accusations, mais je dois demander à l'avocat d'être prudent », et il regarde l'horloge avec avertissement.

Enfin les aiguilles indiquent l'heure convenue. Le juge dit : « Votre temps est écoulé, conseiller. "Encore une minute", dit l'avocat, puis il enchaîne pendant trois minutes. Le juge frappe sur son bureau. L'avocat termine son discours par une péroraison précipitée. "Par conséquent, messieurs, avec la plus grande confiance en vos capacités d'hommes d'expérience et d'affaires, avec la certitude de la justesse de ma défense, je laisse l'affaire entre vos mains."

L'avocat du plaignant prend maintenant la parole, les jurés bougent leurs pieds et jettent un coup d'œil à l'horloge. "Messieurs le jury", commence-t-il. Il laisse probablement de côté le juge. Le plaignant qui subit désormais l'attaque est plus direct. Il est assez significatif du changement dans toute la procédure que la langue de toutes les adresses des tribunaux devient de plus en plus simple. L'époque où les avocats prononçaient des homélies en latin a disparu. L'avocat ne fait plus référence à *nunc pro tunc* ou ne fait plus de plaisanteries facétieuses dans une langue que le profane et probablement le tribunal ne comprennent pas. Si un avocat fait trop de citations latines, le tribunal le considère comme affecté. Il doit être simple, direct et aller droit au but.

Son art dans la présentation de sa cause consiste à dresser un tableau des faits si vivant qu'ils resteront gravés dans l'esprit des jurés. Utilisant son imagination pour former le concept, il le fait passer au jury par le don raffiné de sélectionner les mots et les incidents. Personne, dit-on, n'est jamais convaincu par l'argumentation, mais chacun peut se faire une idée visuelle des mots.

L'avocat commence à attaquer et à insulter ses adversaires et leurs clients, et dans sa colère, il oublie également que la persuasion ne s'obtient pas par la dénonciation. La majorité des jurés sont des hommes plutôt faciles à vivre, gentils, qui ne se soucient pas d'entendre les autres être rendus trop vils. Tout comme la satire est plus efficace que l'injure directe, le juré tolérant préfère que l'autre partie se moque de lui plutôt que de l'insulter.

Les clients s'énervent à cause de leurs torts et sont enthousiasmés par le discours de leurs avocats. Une fois l'affaire terminée , ils sont extrêmement surpris de voir les hommes qui serraient les poings et étaient prêts à se sauter à la gorge, se serrer les bras en silence et sortir déjeuner ensemble. Tout cela fait partie du travail quotidien et ils doivent se préparer pour la prochaine épreuve. Le choc est à peu près celui-là quand, après un mélodrame, l'héroïne ayant sauté par-dessus le pont et morte dans un tourbillon, sort tranquillement et, malgré sa souffrance, s'incline en souriant devant le rideau.

Le juge et le jury savent que les avocats reprennent vie et ne cherchent pas vraiment à s'entre-tuer. C'est l'un des aspects les plus agréables de la vie au tribunal. Il y a une bonne camaraderie entre les deux avocats qui ont tant lutté. Ils éprouvent même de la bienveillance à l'égard du juge lorsqu'il quitte le banc.

L'huissier attire l'attention de l'avocat sur l'heure, qui, avec un regard oblique sur l'horloge, "laisse également l'affaire entre vos mains, messieurs".

Les deux avocats s'assoient et le juge met ses lunettes, rassemble les notes qu'il a prises sur les principaux points du procès et, se tournant vers le jury, commence son exposé.

LA LOURDE CHARGE

Non, Madame, la charge du juge ne signifie pas sa note de frais ni son salaire pour juger l'affaire. Une charge implique quelque chose de grave, de lourd et d'agressif. C'est ce que le juge dit au jury sur l'affaire. Ce n'est jamais léger ni humoristique, mais lourd et difficile à comprendre. Les portes de la salle d'audience sont verrouillées, personne ne doit entrer ou sortir pendant l'accusation.

Le juge regarde solennellement le jury, le jury se redresse de l'attitude découragée qu'il a progressivement prise lors de l'allocution de l'avocat.

La fin est proche et ils commencent à avoir de l'espoir. Ils semblent intéressés et une lueur d'intelligence éveillée brille dans leurs yeux. Maintenant, au moins, ils vont entendre ce qu'ils voulaient savoir sur cette affaire. Le juge leur apprendra probablement quelque chose de nouveau et clarifiera les points qu'ils n'ont pas compris. Il se peut même qu'il explique pourquoi il a pris ces étranges décisions pendant le procès et quelle était cette mystérieuse conférence au cours de laquelle il a convoqué les avocats à son bureau et qu'ils ont discuté ensemble pendant si longtemps.

Le juge commence : « Messieurs les jurés, le plaignant dans cette affaire cherche à obtenir réparation », puis il continue en leur disant ce que veut le plaignant, ce qui est exactement ce que leur a dit l'avocat du plaignant. Le juge a dû dormir pendant qu'il parlait, car il répète la même chose, mais dans un langage légèrement différent. Ensuite, le dossier du défendeur est exposé. C'est là encore ce que disait l'avocat du prévenu. Il ne semble pas raisonnable qu'ils soient obligés d'entendre six fois l'objet de l'affaire. Il y a eu les deux exposés du conseil au début, les deux résumés à la fin, et maintenant les deux explications du juge. Il faudrait tenir compte du fait que le jury possède un peu d'intelligence.

Le juge raconte ensuite ce que les témoins ont dit, en quelques mots, mais en abordant les points principaux. Cela ne sert à rien. Les jurés estiment qu'ils devraient se souvenir assez bien de ce qui a été dit. Le juge l'admet après avoir terminé en disant lui-même : « Messieurs, vous devez vous laisser guider par votre propre souvenir du témoignage plutôt que par ce qui est dit par l'une ou l'autre des parties dans le résumé ou par la Cour. » S'il veut dire qu'il aurait dû rester tranquille et les laisser se souvenir.

Puis il poursuit : « Si vous pensez qu'un témoin a volontairement fait un faux témoignage sur un fait important, vous pouvez ignorer l'intégralité de son témoignage. » Bien sûr, n'est-ce pas la raison pour laquelle ils sont là ? Eh bien, au début, le juge leur a fait jurer de trancher l'affaire « selon les preuves ». C'est exactement ce que fera le jury. Ils vont décider quel camp ment et lequel dit la vérité. Ils ne sont pas assez stupides pour ne pas le savoir. Il ne semble pas nécessaire de les insulter en leur disant qu'ils n'ont pas besoin de croire un témoin s'ils ne le souhaitent pas. Pourquoi sont-ils là ?

Le juge leur dit que la fonction du jury est de décider des faits et que c'est lui qui décide du droit. C'est une chance, car ils ne pourraient pas comprendre la loi, même s'ils le voulaient ; c'est une affaire stupide et cela ne relève pas du bon sens. Ce que le jury estime, c'est que l'exposé du juge leur laisse le choix sans aucun problème de droit. Mais attendez un instant, le juge va leur parler de la loi appliquée aux faits particuliers dont ils sont saisis.

Le principe de droit important qu'on leur fait valoir est ce qu'on appelle la prépondérance de la preuve et le fardeau de la preuve. Le juge s'étend longuement sur le poids de la preuve. Le poids de la preuve, dit-il, est la prépondérance de la preuve et la prépondérance de la preuve est le poids de la preuve, et l'homme qui a le fardeau de la preuve doit avoir le poids de la preuve et le poids de la preuve étant que la prépondérance de la preuve est aussi à celui qui a la charge de la preuve. Et la prépondérance de la preuve ne signifie pas une preuve hors de tout doute raisonnable, comme dans les actions criminelles, mais que la preuve doit être plus lourde d'un côté que de l'autre et que celui qui a la charge de la preuve doit supporter la prépondérance de la preuve. C'est la loi; le juge l'a dit. Ce que cela signifie, c'est que le jury abandonne. Les avocats hochent sagement la tête. Le juge a correctement énoncé la loi.

Le juge peut aller un peu plus loin et leur en dire davantage sur le fardeau de la preuve et la prépondérance de la preuve. Il peut dire que le poids de la preuve ne signifie pas le nombre de témoins. Le simple fait qu'un côté en ait six et l'autre seulement deux ne signifie pas que le jury doit croire celui qui en a six. Les jurés savent que même s'ils exagèrent probablement tous quelque peu , ils vont décider de la manière dont les choses se sont produites. Alors le juge leur dit, après avoir vu les témoins : « Afin qu'ils réfléchissent à leur attitude à la barre et à leur manière de témoigner. » Ils vont sûrement le faire. Le meilleur moyen de savoir si un homme dit la vérité n'est-il pas de le regarder et de l'observer pendant qu'il parle ? Il n'y a pas de sens que le juge leur conseille de réfléchir à son attitude à la barre.

Une autre chose que dit le juge, c'est qu'ils ne doivent pas se laisser guider par la sympathie ou les préjugés pour parvenir à leur verdict. Il s'agit d'une mise en garde que le juge estime nécessaire. Il oublie que lorsqu'ils seront dans la salle des jurés, avec les portes verrouillées et personne pour les déranger, ils feront exactement ce qu'ils veulent. Les préjugés et la sympathie sont destinés aux personnes inintelligentes qui ne savent pas de quoi ils parlent. Les deux avocats ont dit au jury qu'ils étaient des hommes intelligents et il semble inutile que le juge dise qu'ils ne doivent pas être gouvernés par les préjugés et la sympathie. Supposons que le défendeur soit une entreprise riche, il ne pourra pas se prononcer contre elle parce qu'elle est riche. De toute façon, l'entreprise supporte mieux que le pauvre la perte de quelques dollars de sa poche. Ce n'est pas pour cette raison qu'ils décideront.

Alors que les preuves accumulées de l'incompréhension du juge quant à leur attitude d'esprit s'accumulent, les jurés retombent à leur place. Après tout, l'accusation du juge n'est pas plus compréhensible que la plupart des autres parties du procès. Ce qui est salvateur, c'est que la fin approche et qu'ils peuvent bientôt s'enfuir et fumer une cigarette dans la salle des jurés, puis rentrer chez eux.

Le juge, pendant qu'il charge, comprend un peu ce qui se passe dans l'esprit du jury. Il a vu s'éteindre peu à peu la lueur d'intérêt qui était dans les yeux du jury au début. Il remarque à quel point ils tombent dans des attitudes résignées. Il a le sentiment que les bons vieux aphorismes juridiques qu'il a énoncés avec tant de soin sur le fardeau de la preuve, le poids de la preuve, la crédibilité des témoins et la prudence à l'égard de la sympathie et des préjugés, ne sont pas très convaincants pour le jury. Mais les conventions exigent qu'il continue.

"Messieurs", dit-il, "je dois vous demander d'éliminer de votre esprit toute discussion d'avocat sur des questions de droit ou toute décision du tribunal sur le rejet d'un témoignage, ou toute décision sur des requêtes en rejet ou en interdiction. Elles impliquent des questions de droit. dont vous n'êtes pas concerné pour le moment. Pour parvenir à votre verdict , vous ne devez considérer que les preuves.

Peut-être que le juge se sent un peu stupide et devient donc plus emphatique et solennel. Il définit soigneusement et minutieusement le droit de la négligence. Il leur dit que le droit de la négligence implique deux principes cardinaux. "La première est que le demandeur doit établir que le défendeur par ses employés était coupable de négligence, qu'il n'a pas agi comme un homme prudent et prudent; deuxièmement, que le demandeur doit s'être montré exempt de négligence contributive; qu'à moins que le jury trouver les deux, que le demandeur ne peut pas récupérer. " Ensuite, il intervient peut-être un peu plus sur la balance de la preuve concernant ces détails. "Si le jury conclut que le demandeur a été négligent et que le défendeur a été négligent, il doit rendre un verdict en faveur du défendeur. S'il conclut que le demandeur n'a pas été négligent et que le défendeur a été négligent, il peut alors rendre un verdict en faveur du demandeur, à condition qu'ils trouver, etc., etc. Sinon , s'ils concluent que le demandeur n'a pas été négligent et que l'accident n'est pas survenu à cause de la négligence du défendeur, alors ils doivent encore une fois trouver en faveur du défendeur, ou encore... " mais le jury est à ce moment-là épuisé. Les alternatives ne les intéressent pas. Le juge sait peut-être de quoi il parle, mais pas lui. La question intéressante est de savoir combien vont-ils donner au plaignant.

Le juge finit par s'épuiser, une sorte d'auto-hypnose s'installe. Il se souvient de tant de phrases et de maximes juridiques qu'il pourrait énoncer, son cerveau devient confus quant à la sélection. Il y a des tonnes d'accusations aux jurys qu'il a plus ou moins apprises par cœur. Il y a tellement de généralités brillantes et vagues sur le droit de la négligence, le droit des contrats, le droit de la preuve, le fardeau de la preuve ou le poids du témoignage, qu'il pourrait continuer indéfiniment. Le jury n'a plus compris et le juge, se rendant compte du désespoir de cette situation, finit par dire : « Alors, messieurs, compte tenu de ce que je viens de vous dire et des preuves de l'affaire, vous vous retirerez et réfléchirez à votre verdict. "

Les jurés commencent à rassembler leurs chapeaux et leurs manteaux, quand l'un des avocats sursaute et dit : « Un instant, s'il vous plaît. Je demande à Votre Honneur de dire que si le jury conclut que la vache qui se trouvait dans le jardin du plaignant était une vache blanche et que pas une vache rouge, alors leur verdict doit être en faveur de l'accusé. "Je l'accuse", dit le juge. "J'accepte", dit l'autre avocat, "et je demande à Votre Honneur de dire au jury que s'il croit que la vache était la propriété du défendeur, son verdict doit être en faveur du plaignant." "Je refuse de porter plainte avec ces termes", dit le juge, "il se peut qu'il n'y ait pas eu de vache ou qu'il n'ait pas mangé les choux". Ou bien l'avocat du chemin de fer peut demander au juge : « Si le jury conclut que le conducteur se trouvait à quarante pieds des voies ferrées et que le wagon se trouvait à cent pieds du coin de la soixante-dix-huitième rue lorsqu'il a vu le wagon pour la première fois, et la voiture roulait à un rythme rapide et le conducteur a tiré sur la cloche et le conducteur était assis sur le côté droit du wagon et aurait pu voir la voiture si la voiture avait été à cent pieds sous le coin, alors dans ce cas Je demande à Votre Honneur d'indiquer au jury que le demandeur était coupable de négligence contributive et qu'il ne peut pas se rétablir. »

La question est sans aucun doute délicate. Le juge est visiblement inquiet ; s'il fait une mauvaise supposition et dit « oui » ou « non » à ce stade, la cour d'appel peut dire : « Erreur, jugement annulé, nouveau procès ordonné ». Ce qui se passe, c'est que le juge prend une chance. L'avocat dit : « Je vous renvoie aux 169 rapports de la Cour d'appel de New York, page 492 ; dans l'affaire Jones *contre* Metropolitan, le tribunal a déclaré que le refus de porter une telle accusation constituait une erreur réversible. » Le juge a l'air sage et dit finalement « oui ». Il y a là un petit jeu de politique ; il a peut-être réfléchi à la manière dont le jury allait décider et réalisant que ce qu'il accuse ne fera aucune différence, il joue prudemment en facturant ce que veut la partie perdante.

Ces demandes de mise en accusation peuvent aller et venir indéfiniment avec des décisions et des exceptions. Chaque avocat peut modifier une partie de l'exposé du juge, lui signifiant ainsi qu'à moins qu'il ne se dépêche de le modifier, il peut être annulé en appel. C'est pourquoi l'accusation du juge n'a pas un grand effet. Il doit être trop prudent.

Dans l'État de New York, le juge ne peut pas dire ce qu'il pense de l'affaire. En d'autres termes, la charge doit être indéfinie. En Angleterre et dans les tribunaux fédéraux de ce pays, le juge peut légalement exprimer son opinion sur la manière dont l'affaire doit être tranchée, mais il ne peut pas aller aussi loin. Cette distinction est une relique de l'ancien système du jury, où les juges emprisonnaient les jurés jusqu'à ce qu'ils trouvent ce qu'ils voulaient. Désormais, le juge ne peut qu'exprimer une préférence et le jury peut faire ce qu'il veut. Dans certains tribunaux, l'idée démocratique de l'indépendance du juré va jusqu'à ne pas permettre au juge de dire quoi que ce soit de spécifique.

Le résultat est que le jury est confus. Ils sont généralement d'une nature si indépendante que les instructions du juge ne les influencent pas beaucoup. Les clients restent assis complètement confus ; ils entendent le juge dire sagement : « Je pense que peut-être oui, mais dans l' ensemble , ce peut être non », et quand il a fini, ne comprenant pas autant que le jury, ils pensent que l'exposé du juge est très juste. Cela étant dit, cela n'a probablement pas d'importance.

La méthode continentale est tellement différente qu'elle en est choquante. Dans les tribunaux français, le juge dit pratiquement pour son accusation : « Vous avez entendu les preuves, maintenant allez-y et faites ce qui est juste. » Cela illustre une fois de plus la différence entre les anciennes et les nouvelles idées en matière de tribunaux. L'ancien est un champ de bataille où les enjeux sont définis, les tribunaux sont maintenus dans des limites étroites et les règles de l'épreuve sont strictement observées, tandis que le moderne est simplement une enquête sur un différend sans le glamour d'une compétition. Il s'agit d'une enquête sur des faits qui, aussi amères que soient les animosités personnelles, ne doivent jamais perdre de vue l'idée principale d'arriver à la pure vérité, de manière sensée .

Finalement , les avocats se taisent, le procès est terminé, le juge demande patiemment s'il y a d'autres demandes d'inculpation, et comme il n'y en a plus, il se tourne vers le jury et dit : « Messieurs, vous allez vous retirer et réfléchir à votre verdict. Lentement, ils se dirigent vers la salle des jurés, conduits par le greffier.

LE VRAI VERDICT

La vérité est dite. La bataille est terminée et les puissants ont pris le dessus. La décision est prise. La justice divine et impérieuse est sur le point de prononcer sa sentence. La vérité cherche à éclater et les jurés frappent à la porte de la pièce dans laquelle ils sont enfermés depuis tant d'heures. Le greffier, qui se tenait dehors comme une sentinelle pour empêcher l'approche des indiscrets et des auditeurs, tourne la clé et passe la tête dans la pièce, se retire, verrouille à nouveau la porte et fait venir le juge.

Le juge s'est reposé dans son cabinet et a dégusté un cigare. Par courtoisie, le juge est toujours, lorsqu'il n'est pas siégeant, en sa chambre - d'autres pourraient appeler cela une pièce avec un bureau, mais la dignité qui entoure un juge investit même le bureau nu où il siège. Elle est nommée au pluriel, même s'il ne s'agit que d'une pièce ordinaire. Il jette son cigare. Les avocats ou leurs assistants qui flânaient dans la salle d'audience vide, bavardant entre eux et essayant d'échapper aux importunités de leurs clients, qui s'obstinent à spéculer avec eux sur le résultat probable, ont été convoqués à la barre. Le juge prend place sur le banc. Les jurés, réunis par le greffier d'audience, arrivent. Ils sont alignés dans le box des jurés.

« Messieurs, dit le juge, êtes-vous d'accord sur un verdict ? "Nous l'avons fait", répond le président du jury.

Lorsque les jurés ont été enfermés pour la première fois dans la salle des jurés, ils se sont probablement immédiatement détendus après la longue tension du procès. Ils avaient le droit de fumer et de se sentir à l'aise. En outre, ils savent que s'ils terminent leurs délibérations trop tôt, ils seront appelés à se pencher sur un autre dossier. Il était presque deux heures lorsque le juge termina son exposé, ils ont donc bien du temps à perdre ; car s'ils revenaient au tribunal avant trois heures, ils seraient impliqués dans un autre procès.

Ils ont procédé à un vote de paille pour connaître l'état des choses, non pas dans l'espoir d'arriver à une décision mais en essayant de tester la question. Le résultat est de neuf pour le demandeur et de trois pour le défendeur. Ils allument leurs cigares, car ils étaient bien préparés pour les heures fastidieuses passées dans la salle des jurés.

Les neuf hommes regardent les trois autres avec dégoût, les trois regardent les neuf avec mépris puis ils commencent à se disputer. Les délibérations du jury sont toujours secrètes, leur mode de procédure est incertain et seul le résultat de leurs délibérations apparaît au tribunal. Néanmoins, il n'est que raisonnable de spéculer sur la manière dont ils sont parvenus à leur verdict.

Leur verdict est le point culminant du drame, le but de la course, la récompense de la victoire. Un camp doit gagner et l'autre être vaincu. La psychologie du jury pour parvenir au verdict constitue le grand mystère et le plus intense intérêt du procès. Le juge ne sait pas, les avocats ne comprennent pas. Il existe un certain respect pour l'intimité inviolable d'une salle des jurés. Si les avocats plaidants pouvaient comprendre la méthode par laquelle ils arrivent à leur annonce finale, ils seraient bien mieux équipés que par une étude du droit pendant de nombreuses années.

Il s'agit de savoir si leurs actions sont différentes ou non de celles d'hommes ordinaires en dehors d'un tribunal. Ils ont quitté l'influence restrictive d'une position inconfortable et visible et sont rentrés dans l'attitude d'esprit du monde quotidien. Le contrôle du juge a disparu. Les avocats ne sont que des souvenirs. Ils sont devenus de simples hommes d'affaires avec quelque chose de précis à faire. Ils ne savent pas comment s'y prendre et la discussion s'engage de manière décousue.

"Eh bien, nous devrions donner quelque chose à ce garçon."

"Je n'aime pas l'apparence de ce dernier témoin."

"Cet avocat du prévenu était trop intelligent."

"Mais pensez-vous que le chauffeur a essayé de lui couper la route ?"

"Il n'aurait pas pu rester au lit six semaines."

"Aucun homme ne resterait au lit aussi longtemps avec un genou douloureux."

"Oh, eh bien, il voulait seulement dire qu'il s'occupait de la maison."

"Ce médecin était formidable. Il adorait s'éloigner de ces conditions ; il devait justement être diplômé de l'hôpital."

"Avez-vous entendu l'avocat dire que dans une affaire qu'il a jugée à Brooklyn, il avait dix-sept de ces experts ?"

"Eh bien, procédons à un autre vote et voyons si nous ne pouvons pas nous réunir."

"Je ne peux pas rester ici toute la journée. Je dois clôturer quelque chose d'important à quatre heures."

« Vous resterez ici s'il le faut ; nous voulons que tout soit réglé correctement. »

Un autre vote est effectué. Le résultat est le même et les deux camps prennent progressivement des positions opposées. Chacun prend un chef et un porte-parole ; la discussion a probablement lieu entre ces deux-là et une interjection occasionnelle des autres. À ce moment-là, la discussion est devenue tendue et après une demi-heure, les arguments initiaux de l'avocat, les preuves et les instructions du juge se sont confondus dans l'esprit du jury avec ce qui a été dit dans la salle des jurés. Le souvenir de chaque juré inclut le souvenir de la discussion qu'ils ont. L'image mentale est maintenant une combinaison de ce que chaque témoin a pensé, chaque avocat l'a conçu, comment le juge l'a décrit, ce qu'il l'a imaginé pendant le procès, et à ce concept mental s'ajoute la lutte actuelle et récente entre douze points de vue.

Ils ne se souviennent pas de ce que le juge leur a dit à propos de leur verdict. Supposons qu'ils l'envoient lui demander. Non, ils ne veulent pas passer pour des imbéciles. C'est clair. Leur verdict doit être en faveur du demandeur ou du défendeur. Mais dans cette affaire contractuelle où l'autre partie voulait quelque chose en retour du plaignant, comment vont-ils trouver un verdict pour les deux ? Ils ne parviennent pas à trouver un verdict dans les deux sens. Ils feraient mieux d'envoyer l'information au juge. Non. Eh bien, alors ils enverront les plaidoiries, ils montreront.

" Quoi, " dit un juré, " pensez-vous que ces plaidoiries montreraient quelque chose qu'un homme raisonnable pourrait comprendre ? "

Ils décident qu'il y avait un projet de loi qui racontait toute l'histoire. Ils frappent à la porte. Le greffier l'ouvre. Ils expliquent, il rassemble les avocats et ils se rendent au bureau du juge. Il y a un frisson. Le jury s'est mis d'accord si rapidement que cela signifie forcément un verdict pour le plaignant. S'ils avaient été absents plus longtemps, cela aurait signifié un désaccord ou un verdict pour l'accusé. Plus le jury reste longtemps en dehors, mieux c'est pour l'accusé, pense l'avocat. Mais les actions du jury sont incertaines et il se peut qu'il n'y ait aucune règle permettant de parvenir à sa décision.

Il y a l'histoire du juge qui, après une longue absence du jury, a parié avec le sténographe sur la façon dont le jury allait décider. Le juge se considérait comme un expert pour déterminer les verdicts probables du jury. Après qu'ils soient arrivés, qu'ils aient annoncé leur décision et qu'ils aient été libérés, le juge ayant perdu avait l'air découragé. Le sténographe sourit. Puis le juge s'est repris.

"Vous gagnez", a-t-il dit, "mais la prochaine fois que vous et moi parierons sur une décision, ce sera l'une de nos affaires sans jury."

Le préposé demande l'addition et retourne dans la salle des jurés. Le tribunal tombe dans une léthargie d'attente. Le jury, informé, poursuit la discussion, probablement sur les lignes suivantes.

"Bien sûr, je t'ai dit que les soieries valaient quatre cents dollars."

"Eh bien, je connais ce genre de personnes ; ce sont de petites personnes et ils n'ont jamais fait autant d'affaires de toute leur vie, encore moins un mois." Ou,

"Tu ne connais pas ce quartier, toutes les voitures accélèrent dès qu'elles y arrivent."

"Eh bien, hier, je descendais d'une voiture et le conducteur a tiré sur la sonnette, etc., etc."

"Non, je n'ai aucun préjugé contre le chemin de fer ; je n'ai rien contre le chemin de fer."

"Bien sûr, nous n'allons pas trancher cette affaire sur la base de la sympathie ou des préjugés. Mais ce garçon est irlandais et il a l'air d' être issu d'une bonne et honnête personne."

« Vy , je ne vois aucune différence qu'il soit irlandais ou yiddish ; votez ve Le but est la justice."

"Maintenant, vois, mon ami, si tu penses que tu vas en faire une question raciale, tu te trompes. Juste parce que ce garçon est irlandais, tu n'as pas besoin de penser qu'il ne devrait rien recevoir. Tu as des préjugés, c'est ça. tu es."

"Oh, venons-en aux preuves quand même ; ce que nous voulons, c'est décider."

"Vel, le conducteur du moteur est irlandais, de quoi tu parles ?"

"Bien sûr, mais il devait dire ce qu'il a fait. N'était-il pas obligé de conserver son emploi dans l'entreprise ?"

Le reste du jury retomba, résigné et découragé. Ils n'en sortiront jamais. L'un d'eux s'aventure.

"Le juge nous a dit que la loi était..."

Il est interrompu.

"Oh, nous ne nous soucions pas tellement de la loi. Ce que nous voulons faire, c'est faire ce qui est juste."

Quelque part, d'une manière ou d'une autre, et par des méthodes incompréhensibles, le verdict est rendu. Si le jury demande des instructions supplémentaires, il retourne dans la salle d'audience et le juge entreprend d'élucider le mystère caché de la loi de la même manière qu'il l'a fait dans son exposé. Ils reviennent insatisfaits et reprennent la discussion.

Le moment le plus dramatique du procès est celui où l'officier entre et annonce que le jury est d'accord. Tandis qu'ils défilent lentement, le prisonnier ou les invités les regardent avec des yeux déchirants ; les avocats avec une attente anxieuse. Il y a un frisson électrique dans l'air. D'une manière mystérieuse, leur verdict est connu avant que le contremaître ne parle. Appelez cela transfert de pensée, lecture dans les pensées, ou ce que vous voudrez, il y a une compréhension rapide de leurs visages, de leur manière d'entrer, et leur déclaration finale n'est qu'une confirmation de ce qui était attendu.

Le jury s'est prononcé, l'avocat perdant décide d'annuler le verdict. Le jury semble surpris. Est-il possible qu'après tout ce procès et toutes ces délibérations, le juge bouleverse à nouveau la situation et laisse de côté les longs ennuis. Le juge rejette la requête ou la prend en délibéré. Ce n'est qu'en de rares occasions qu'il annule le verdict sur-le-champ. Le verdict a dû être scandaleux, absurde, clairement un compromis, ou absolument et choquantement contraire au bon sens. La théorie du droit est que le verdict d'un jury est un jugement final sur les faits par les meilleurs juges des faits. Il ne sera pas perturbé à la légère ou pour de petites raisons.

La question de la confiance dans le système du jury est l'une des plus futiles de toutes les grandes questions. En premier lieu, le procès devant jury est si profondément gravé dans la déclaration constitutionnelle des droits qu'on pourrait tout aussi bien se demander : « Croyez-vous à la citoyenneté ? "Croyez-vous aux États-Unis d'Amérique ?" Deuxièmement, le procès devant jury est si complètement impliqué dans le système actuel de procès et de procédure judiciaire qu'ils sont inséparables. Les maux du tout s'attachent à la partie et l'aspect bienfaisant des tribunaux s'applique également aux procès avec jury.

Pour en venir à un cas concret et laisser le principe abstrait au théoricien, il y a certaines choses évidentes à dire pour et contre le procès devant jury. Le jury représente l'opinion de l'homme ordinaire ou ordinaire – la *vox populi* . Douze hommes choisis au hasard ne sont probablement ni tous des capitalistes, ni tous des ouvriers. Ils sont composés de quelques-uns des deux, mais la majorité, sinon la totalité, sont des petits commerçants ou la grande bourgeoisie. Ces hommes ne sont ni ignorants, ni préjugés, ni inintelligents. Ils ont une expérience limitée, mais leur jugement est un jugement de médiocrité et c'est la médiocrité qui est recherchée. L'homme professionnel, l'expert, le spécialiste sont nécessaires pour atteindre un degré particulier d'administration, mais pour déterminer le droit et la justice réels, ce qu'il faut, c'est l'instinct de l'homme ordinaire, le simple bon sens ordinaire .

Lorsque le criminel dit : « J'ai plus de chances auprès d'un jury » ; Quand le civil dit : « Si j'étais du mauvais côté, donnez-moi un jury », il ne fait pas appel au mauvais côté du système de jury, mais à une qualité qui n'est pas toujours reconnue.

La loi est un énoncé exact et défini de principes, absolus et apparemment immuables. Lorsqu'un homme dans la rue s'approche d'un autre et l'insulte sans raison, la loi est que la partie insultée doit se retourner et s'éloigner. Si l'affaire était portée devant un jury, ils ne le condamneraient jamais pour avoir renversé l'autre immédiatement. Le système du jury est l'atténuation de la loi.

REGARD EN ARRIÈRE

Extraits du mémoire de fin d'études d'un JE de Columbia après avoir obtenu son diplôme d'expert juridique en 1947.

L'étude historique des coutumes obsolètes n'a que peu de valeur si ce n'est la préservation de quelques traces de ce qui pourrait bientôt être oublié.

En 1947, il semble presque incroyable que l'utilisation universelle par le public des corporations judiciaires ait été le résultat d'une croissance économique aussi récente. Il est intéressant de retracer leur évolution et les causes sociales dont elles sont issues.

L'administration efficace de ces corporations coopératives, démontrée par leur succès financier, rend inutile d'insister sur les détails de leur organisation intensément développée. Existant comme ils le font sur une compréhension si large de l'ensemble des structures commerciales et sociales, il n'est pas étonnant qu'ils aient prouvé leur valeur pour la communauté. Leurs départements hautement spécialisés des questions, des enquêtes, du droit statutaire, des archives, de la détermination et des résultats correspondent dans une certaine mesure à l'ancienne méthode de procédure des tribunaux de droit et d'équité disparus. Les temps ont effectivement changé.

L'analogie entre les méthodes actuelles et les coutumes désuètes et conventionnelles de ces institutions lourdes et inadéquates n'est pas difficile à trouver. Le département des Questions, par exemple, correspond à ce qu'on appelle les plaidoiries d'une action. Il s'agissait autrefois de bouts de papier régis dans leur forme par des règles inflexibles, au lieu de la méthode efficace par laquelle, sous la direction de gestionnaires expérimentés et d'esprits compétents, les questions en litige, soit de fait, soit de droit, sont maintenant réduites à des points de divergence précis . Naturellement, les méthodes de leurs dirigeants n'étant pas entravées par des règles extérieures et étant des hommes dotés d'une vaste expérience et de tact, le travail de ce département n'est pas aussi difficile qu'on l'avait prévu au début des corporations judiciaires.

Les départements d'enquête et d'experts correspondent à l'ancienne division des procès appelée preuve et témoignage. Toute explication serait vaine de cette branche d'un formalisme oublié. Les anciennes règles de preuve et de procédure judiciaire ne pouvaient être comprises que par les contemporains et des recherches approfondies n'ont pas réussi à révéler des concepts très clairs, même pour eux. Les méthodes modernes des départements régissant la vérification des faits, soit grâce à l'expérience des employés du département, soit au travail efficace d'enquêteurs qualifiés, ont naturellement été grandement facilitées par l'invention du Viviphone, rendant toute communication adéquate et facile.

Les départements de droit statutaire et d'archives conservent encore certaines caractéristiques d'une époque où les huissiers et les greffiers représentaient dans l'esprit du public l'incarnation de ce qu'on appelait la « bureaucratie », véritable expression familière décrivant l'attitude du conservatisme officiel. Ces départements régis selon les méthodes bibliographiques les plus récentes n'ont qu'une valeur de référence complémentaire. La simplification et l'unification nationale des lois fédérales et des États ont, bien entendu, grandement ajouté à la facilité de cette branche du commerce.

Au début, les départements Détermination et Résultat étaient considérés comme étant d'une importance primordiale. Correspondant dans leurs fonctions aux qualités autrefois exclusivement judiciaires des tribunaux et de leurs jugements définitifs, l'importance exagérée donnée autrefois à ces fonctions présupposait une également nécessité dans cette subdivision de la direction de la corporation. Cela s'est avéré incorrect. Il a été constaté qu'après un cadrage et un rétrécissement minutieux du sujet en litige par le département des questions, et un examen minutieux et minutieux des faits par les départements d'experts et d'enquête, le différend a progressivement, sinon totalement, disparu. Des hommes du plus haut caractère et du plus haut calibre , employés à des salaires élevés comme chefs de ces départements, ont donné une satisfaction adéquate, comme l'a prouvé la prospérité des corporations. La récompense des chefs de ces divers départements, qui exige des hommes possédant la plus grande intelligence commerciale, est, dit-on, dans certains cas fabuleuse.

Dans le premier quart de ce siècle et même dans la dernière partie du XIXe, les courants sous-jacents de nombreux mouvements remuaient déjà la surface du courant placide dans lequel coulait depuis tant de siècles le cours de la justice. Ces curieux vestiges d'une époque médiévale, les palais de justice, encore à une date si récente, conservaient de nombreuses formes, caractéristiques et usages d'une époque où les chevaliers combattaient en armure de plaques et se livraient au mimétisme de la bataille, poussés par le glamour de la chevalerie. Les termes mêmes et la phraséologie juridique de l'époque impliquaient les joutes, les tournois et les épreuves par bataille d'une époque romantique et trompeuse.

La guerre mondiale universelle qui a entraîné un changement si immense des valeurs sociales et économiques a naturellement contribué à la destruction et à l'abandon des anciennes formes et structures. Pourtant, même avant la guerre et la révolution économique qui a suivi si rapidement, les tendances vers un traitement plus sensé de la question avaient déjà commencé.

À l'instar de la classe disparue des soi-disant médecins, qui ont maintenant été fusionnés par les sociétés de santé publique et privée, ce qu'on appelait la profession juridique ou les hommes connus sous le nom d'avocats et de juges, avait progressivement perdu ses caractéristiques de classe et avaient progressivement fusionné avec des hommes d'affaires.

L'un des premiers changements a été la disparition des avocats connus sous le nom d'avocat immobilier. Jusqu'en 1890 environ, il restait encore des membres de la profession juridique qui vivaient de l'examen des titres de propriété. Les avantages évidents d'un système d'examen complet des titres par les grandes sociétés connues sous le nom de compagnies d'assurance titres ont rapidement éliminé cette subdivision particulière.

Le changement important suivant est survenu d'une manière curieuse sous le cri de ce qu'on appelait alors la justice sociale - un terme vague qui était alors préconisé par de nombreux soi-disant « réformateurs » et auquel s'opposait par ignorance la classe capitaliste, sans aucune compréhension très claire de ce qu'était la justice sociale. ce que l'on voulait dire. On se rendait si peu compte des valeurs économiques et efficaces de l'assurance contre le hasard qu'on s'y est opposé au début du mouvement. Le mouvement a entraîné certains changements évidents qui, avec le recul, semblaient inévitables et naturels. C'était ce qu'on appelait les lois universelles sur la responsabilité des employeurs. Le principe s'étendit bientôt à toutes les catégories d'accidents et aboutit à l'adoption d'une législation annoncée par la formidable croissance des compagnies d'assurance dommages et accidents. Commençant d'abord par des lois rendant l'employeur responsable des accidents, et aboutissant ensuite à l'assurance du travail, elle s'est progressivement étendue aux accidents de toute nature, y compris les blessures causées par les voyages à bord des transports publics et les vicissitudes ordinaires de la vie.

Le résultat de l'assurance de l'État contre la négligence et les dommages de toutes sortes a été que toutes les réclamations pour dommages ont été réglées par l'État et que les avocats qui vivaient en poursuivant la négligence ou le malheur d'autrui ont progressivement disparu. Un certain type distingué et remarquable était connu sous le terme de « chasseurs d'ambulance » (l'origine exacte de ce terme n'était pas tout à fait claire aujourd'hui, en 1947, mais était probablement liée à une coutume légale désuète consistant à secourir les blessés) et disparut très vite.

Les cas découlant de tous les différends commerciaux sont devenus moins nombreux à mesure que les relations plus franches et plus intelligentes du monde économique ont éveillé des normes commerciales meilleures et plus honnêtes. Mais bien avant la disparition de ce qu'on appelait l'avocat commercial, il existe des preuves que les anciens tribunaux, avant même leur abandon complet, étaient tombés dans une désuétude partielle. Apparemment, les litiges de grande ampleur n'ont jamais été portés devant les tribunaux. Et les normes juridiques énoncées par les tribunaux étaient tellement sans rapport avec les normes sur lesquelles le commerce mondial réel était mené, qu'il était peu nécessaire de recourir à l'arbitrage du droit de procédure devant les tribunaux.

Le changement total des relations personnelles et domestiques et la plus grande liberté par rapport à l'institutionnalisme des communautés semi-civilisées, *par exemple* l'abandon de toute restriction au divorce, ont naturellement fait disparaître le type de litiges qui apparaissaient dans certains tribunaux traitant des affaires matrimoniales ou familiales. griefs personnels.

En ce qui concerne ce qu'on appelait les avocats pénalistes et les tribunaux pénaux, l'attitude différente qu'avait autrefois le public à l'égard des malheureux qui souffrent rend presque incroyable l'existence d'une telle classe ou de telles institutions. De même qu'il est aujourd'hui inconcevable que nous puissions jeter dans des prisons insalubres des hommes et des femmes souffrant de maladies mentales ou sociales, il est également difficile de réaliser que pendant la période inintelligente dont nous parlons, et même pendant de nombreux siècles, il a existé des gens qui ont vécu de leurs malheurs.

Naturellement, avec la disparition du contentieux et des avocats, le public ne tolérait plus l'existence des juges et des tribunaux. Pendant quelques années, ils ont gardé emprise sur l'imagination d'une petite partie des citoyens qui entretenaient une estime sentimentale pour les institutions étatiques d'une civilisation fondée sur les enseignements douteux des doctrinaires du XVIIIe siècle.

La période d'abandon des anciennes cours correspond à l'extraordinaire développement de ce qu'on appelle les « images animées » ; ces présentations pâles et sans vie, sans couleur, sans discours ou substance, auxquelles les gens d'un âge obscur se réunissaient pour s'amuser ou se divertir ! Il faut de l'imagination pour concevoir que les gens n'étaient pas familiers avec la facilité de communiquer avec n'importe quel endroit du globe et de reproduire exactement la forme, la couleur et la parole en allumant un interrupteur. L'observateur de cette époque a dû être choqué et surpris de voir les palais de justice solennels transformés en ce qu'on appelait des palais de cinéma ou des centres communautaires de danse et de divertissements sociaux.

Le changement de classe que les avocats avaient peu à peu subi en simples hommes d'affaires n'était pas aussi brutal que celui des huissiers de justice, très éloignés de la vie réelle. Divers expédients ont été tentés pour les préserver en tant que classe. Leur ancien métier ayant disparu et l'idée d'une pension n'étant pas satisfaisante, comme il restait un grand nombre d'hommes plus jeunes sur la magistrature qui pourraient être d'une certaine valeur pour la communauté, un système de cafés de cour fut mis en place. Aujourd'hui encore, elle est en train de disparaître rapidement et, pour le bénéfice des générations futures, il serait peut-être bon de décrire le dernier vestige d'une institution qui a si longtemps conservé sa place dans l'ordre social.

La nature humaine étant toujours essentiellement la même, on pensait que ses exigences en matière d'action dramatique et de stress de la bataille devraient trouver une issue. Il n'a pas été jugé judicieux de supprimer complètement les arènes de litiges juridiques, même si les corps judiciaires actuels, avec leurs services parfaitement organisés, détruisaient déjà rapidement tout litige. On a estimé que l'humanité exigeait peut-être que les deux protagonistes se réunissent afin qu'ils puissent personnellement opposer leurs prétentions l'une à l'autre.

Il semble désormais incroyable, au vu de la simplicité absolue de la communication de Viviphone , que cela soit jugé nécessaire. Le besoin d'expression romantique semblait exiger l'opportunité d'une présentation personnelle. Les travailleurs sociaux qui ont créé ces cafés-tribunaux ne se sont pas rendu compte qu'avec le développement d'un point de vue public plus intelligent, la question de la justice abstraite n'était guère plus qu'une application de coutumes et de normes sociales à des faits particuliers ; et qu'avec la chute des idées de justice dans l'abstrait, les dépendances de la justice sont également tombées.

On peut noter ici que le savant traité du professeur Humperdinck sur la découverte récente de certaines statues trouvées parmi les ruines de la grande explosion de New York est erroné. La figure qu'il a décrite entre autres, de la femme aux yeux bandés et avec un bras tendu comme si elle tenait quelque chose, ne représente pas, comme il l'appelle, "la pauvre aveugle qui mendie", mais une figure de la déesse de la justice tenant la balance. , qui a été si longtemps adoré.

La croissance des cafés de la cour a été rendue possible par l'amélioration du climat de la Nouvelle-Angleterre provoquée par la modification du cours du Gulf Stream. Les habitants s'habituèrent à passer plus de temps en plein air et les tribunaux devinrent populaires. Existant comme lieux d'affichage d'excentricités et d'expression de griefs personnels, ils sont rapidement devenus extrêmement fréquentés comme lieux de divertissement.

Chaque fois qu'un plaideur estimait qu'il y avait une question en litige qui nécessitait un ajustement par un organisme extérieur, il invitait l'autre partie à se présenter au tribunal. Les juges occupaient la position de propriétaires, *de maîtres d'hôtel* et de serveurs, dont la tâche était de rendre les tribunaux aussi attractifs que possible. Comme leurs salaires dépendaient du montant des recettes et que les tribunaux étaient gérés sur la base d'un partenariat dans lequel tous partageaient les bénéfices, l'objectif des juges était de tirer le plus grand nombre de coutumes possible.

Les environs étaient à tous points de vue souhaitables. En plein air, sous les arbres étendus, dont la lumière du soleil filtrait à travers les feuilles des pelouses bien entretenues, étaient dressées des tables couvertes de fruits délicieux et de toutes les délicatesses que l'esprit humain pouvait imaginer en matière de délices culinaires. Vins rares, fleurs exotiques étaient constamment présentés en abondance. Des divans luxueux et des sièges reposants étaient dispersés. Les musiciens les plus modernes comme les plus célèbres fournissaient une musique exquise, tandis que les juges attentifs, vêtus de tabliers blancs soignés, partiellement dissimulés par leurs robes noires légèrement bruissantes, s'efforçaient anxieusement d'ajouter au plaisir et au confort de leurs clients.

Face à de telles tentations, il n'était pas étonnant que la partie adverse ait accepté l'invitation à comparaître au tribunal. Témoins et spectateurs se pressaient, tant en raison de la nouveauté de l'institution que de l' occasion de se rafraîchir et de s'amuser. Le but des juges était d'inciter les adversaires à poursuivre leurs différends au lieu de tenter de les apaiser.

Plus ils devenaient bruyants, plus bruyants et passionnés , plus les foules venues assister au spectacle étaient retenues. C'était de cette clientèle et de la vente à celle-ci de viandes et de comestibles pendant le litige que dépendaient les profits des juges. Tant qu'il y avait une lutte sérieuse et énergique, les spectateurs restaient aux tables voisines et le commerce était vif. Cependant, chaque fois que les plaideurs se rendaient pleinement compte de l'absurdité de leur position, soit par les rires continus des spectateurs lors de l'exposition publique de leurs torts privés dans lesquels le public n'avait rien à voir, soit par la fatigue des simples mots et venait à diminuer l'ardeur de leur combat, la foule commençait à diminuer. Les juges, prompts à comprendre la perte de commerce après avoir vainement tenté d'inciter les justiciables à de nouveaux efforts, mettaient sous leurs mains avec douceur et suggestion une paire de boîtes à dés ou un jeu de cartes et le litige se terminait parfois sur un coup de dé. ou le tour d'une carte.

La raison pour laquelle ces cafés judiciaires ne sont pas restés longtemps à la mode est que tous les véritables plaideurs sont rapidement devenus si sophistiqués lorsqu'ils ont réalisé l'énormité de la situation et à quel point leur conduite semblait déraisonnable à l'homme moyen. L'opinion publique était naturellement opposée à une telle perte de temps et les véritables artistes se faisaient rares. Plusieurs tribunaux ont été surpris en train d'embaucher de faux plaideurs comme acteurs afin d'attirer les foules. La performance n'étant pas authentique perdit vite son intérêt. Les clients les quittèrent et de nombreux tribunaux firent faillite. Ainsi, comme leurs prédécesseurs, ces tribunaux légers ont pratiquement disparu.

LA FIN

www.ingramcontent.com/pod-product-compliance
Lightning Source LLC
LaVergne TN
LVHW041726190726
843493LV00007B/2230